JN116996

西南学院大学博物館研究叢書

長崎口と和華蘭文化

Ripples of the Intercultural Encounter in Nagasaki

－異文化のさざ波－

迫田ひなの・早田萌＝編

西南学院大学博物館
SEINAN GAKUIN UNIVERSITY MUSEUM

ご挨拶

　西南学院大学博物館の特色は，キリスト教文化に関連する資料を豊富に収集している点にあります。これらの資料の中には，キリスト教に直接の関連があるものだけでなく，その主要な窓口となった近世の長崎における対外交流に関する資料も多く含まれます。出島・唐人屋敷は，近世の日本を語る上で欠かすことのできない存在です。遙か海を隔てた異国から多くの文物がこの場所を通して日本へもたらされ，多彩な日本文化発展の礎を築きました。1571年に長崎が開港してからちょうど450年という節目の年に，このような展覧会を開催できますことを，非常に嬉しく思います。

　本特別展「長崎口と和華蘭文化—異文化のさざ波—」は，「四つの口」と呼ばれる海外との交流の窓口が開かれていた近世の日本において，出島・唐人屋敷がどのような役割を果たしたのかを考えます。また，そこから流入した異国の文化が長崎の人々にどのように受容され，「和華蘭文化」と呼ばれる文化を花開かせるに至ったのかを紹介します。現在の長崎にも色濃く残る，異国情緒漂う雰囲気はいかにして生まれたのか。出島・唐人屋敷での交流に焦点を当て，その足跡をたどります。

　本展覧会に足を運んでいただいた皆様，そして本図録を手に取っていただいた皆様にとって，寄せては返すさざ波のように，時折思い出していただける展覧会となることができたならば幸甚に存じます。

　末筆ではございますが，本展覧会の開催にあたって，本学博物館の活動にご理解とご協力を賜りました関係各位に厚く御礼申し上げます。

2021年9月1日

西南学院大学博物館館長

伊 藤 慎 二

目　次

開 催 概 要

2021年度西南学院大学博物館特別展Ⅰ
長崎口と和華蘭文化
—異文化のさざ波—

　　西彼杵半島と長崎半島の交差地点に形成された港町・長崎は，1571（元亀2）年の開港からおよそ300年ものあいだ，日本史上において重要な地位を占めていた。近世にはオランダや中国との唯一の交易の場となり，その中心である出島と唐人屋敷は，文化流入の最前線となったのである。異文化のさざ波に洗われた長崎は，人々の営みの中に異文化を受容する土壌を培い，「和華蘭文化」と呼ばれる独自の文化を花開かせることとなった。

Ripples of the Intercultural Encounter in Nagasaki

Nagasaki, the port town formed at the intersection between the Nishi-Sonogi and Nagasaki Peninsulas, has occupied a key position in Japanese history for almost 300 years. This port became the only place where trade with the Netherlands and China occurred in the early modern period. Specifically, the central trading location, Dejima and the Chinese Residences, became the frontline of inflowing foreign cultures. Consequently, as Nagasaki was washed by the ripple of the intercultural encounter, it fostered an atmosphere enabling people to experience foreign cultures and engendered a distinctive culture called "*Wakaran* Culture."

　主催：西南学院大学博物館
　後援：福岡市，福岡市教育委員会
　会場：西南学院大学博物館1階特別展示室
　会期：2021年9月1日（水）〜11月4日（木）

第 1 章

四つの口と長崎

Four Entrances and Nagasaki

外国との交流を制限していた近世の日本において，「四つの口」と呼ばれる窓口があった。それは対馬口・薩摩口・松前口，そして長崎口の四カ所である。そのうち朝鮮・琉球・蝦夷地との外交・貿易（交易）は基本的に対馬藩・薩摩藩・松前藩にそれぞれ一任されていた。しかし，長崎については，近世を通じて幕府の直轄地として支配されており，幕府は長崎奉行を派遣し，オランダ・中国との貿易の監督を行った。

In the early modern period, although Japan continued to restrict overseas interaction, the "Four Entrances" existed. These comprise the Tsushima, Satsuma, Matsumae, and Nagasaki entrances. Among them, Tsushima, Satsuma, and Matsumae were entrusted to each feudal domain. However, the Nagasaki entrance was directly controlled by the Shogunate throughout the early modern period. The Shogunate sent the Nagasaki magistrates and ruled the trade with the Netherlands and China through them.

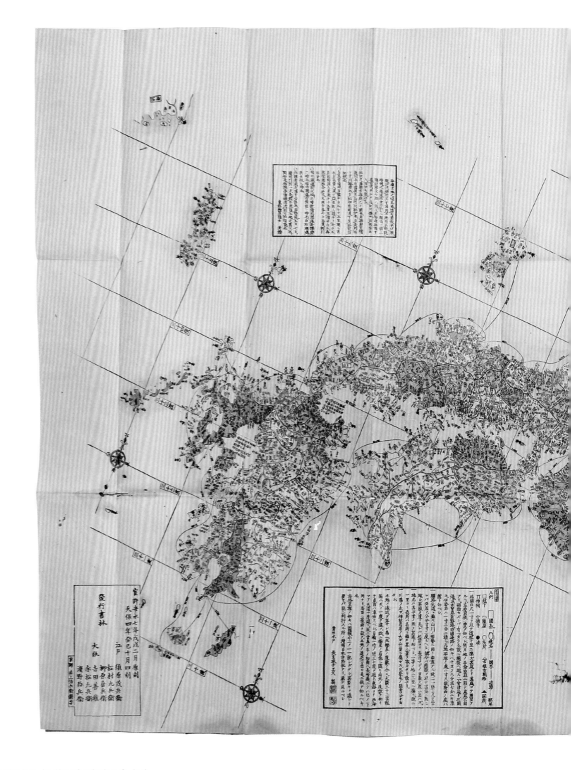

1 改正日本輿地路程全図

Revised Edition of Transport Map of the Whole Japan (*Kaisei Nihon Yochi Rotei Zenzu*)

1833（天保4）年／日本／長久保赤水／木版色招／西南学院大学博物館蔵

本資料は水戸藩の儒学者であった長久保赤水（せきすい）（1717-1801）が1778（安永7）年に完成させた地図の第4版で，広く一般に用いられた江戸時代後期の代表的な地図である。四つの口のうち，対馬の上部には対馬藩の居留地であった朝鮮の草梁倭館（チョリャン）が描かれているが，北海道部分で描かれているのは松前藩が置かれた一部のみであり，琉球もまた地図の中に収められていないことから，当時の日本人はアイヌや琉球の人々が住む場所を異域として見なしていたことが分かる。　（迫田）

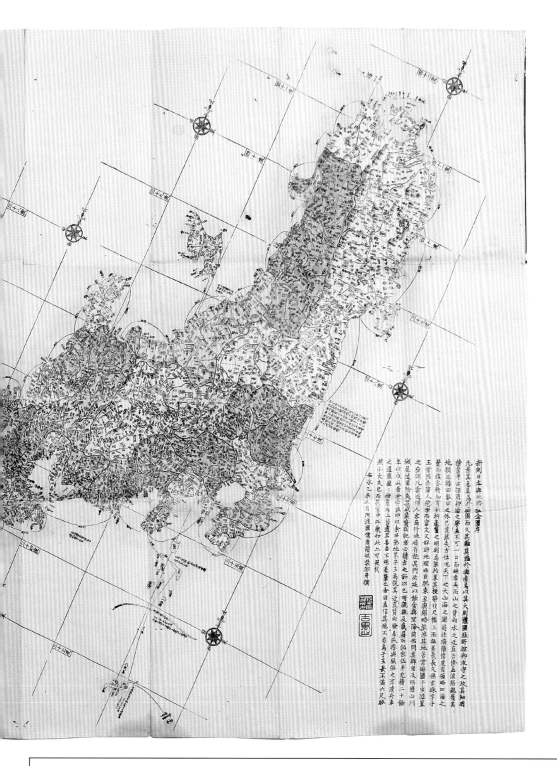

▷「四つの口」について

　近世の日本において、外国との交流の窓口として開かれた対馬・薩摩・松前・長崎を総称して「四つの口」と呼ぶ。対馬藩と薩摩藩は朝鮮や琉球との外交・貿易を，松前藩はアイヌとの交易を行っており，朝鮮からは通信使が，琉球からは謝恩使・慶賀使が幕府へ派遣されている。四つの口の中で，唯一江戸時代を通して幕府の直轄領であった長崎では，オランダ・中国との貿易が行われていた。この2カ国との交流はあくまで民間レベルのものであり，幕府にとって「信を通じる」国である朝鮮や琉球の使節が日本に滞在する際にかかる費用は全て日本側で負担したが，「通商」の国であるオランダや中国は，それぞれ滞在費を負担しなければならなかった。

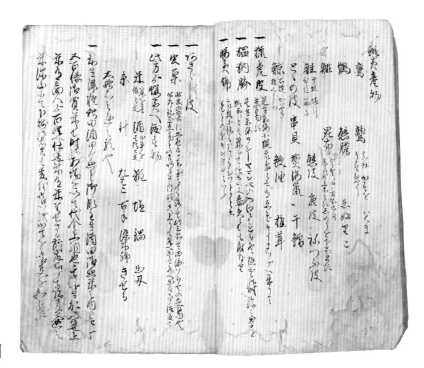

2　海外異聞

Reports on Overseas

江戸時代後期／日本／紙本墨書，竪帳／西南学院大学博物館蔵

本資料は，江戸後期の戯作者・蘭学者である森島中良が編纂した叢書『海外異聞』の写しであると考えられる。日本人が中国へ漂流した事件のほか，本多利明による「蝦夷開墾策」や，金山開発の幕命により1737（元文2）年に蝦夷地へ派遣された坂倉源次郎が記した「北海随筆」の4編が収録されている。「北海随筆」には松前と蝦夷地の産物などのほか，アイヌの風俗や習慣，言語などについても詳細に記されており，未知の世界に対する人々の関心の高まりが感じられる。　　　　（迫田）

3　外国船図

Picture Scroll of The Foreign Ships

江戸時代後期／日本／紙本着色，巻子装／西南学院大学博物館蔵

琉球は1372年に明の冊封体制に組み込まれて以降，進貢船と呼ばれる船を派遣して明への朝貢貿易を行っていた。当初，進貢船は明からの支給物であったが，16世紀半ばに支給を打ち切られて以降はこの形を踏襲して進貢船を建造したため，唐船と酷似した形状であった。また，1609（慶長14）年以降，琉球は薩摩に対しても春と夏の2度，貢納のため「楷船」と呼ばれる船を派遣していたが，楷船には大砲などを取り外した状態の進貢船が用いられた。本資料の琉球船の船尾には薩摩藩の旗が見られることから，楷船を描いたものであると考えられる。　　　　（迫田）

［参考］草梁倭館図

Painting of Japanese Residences
in Choryang, Korea

1783（天明3・正祖7）年／朝鮮／卞璞（변박）
／紙本着色／韓国国立中央博物館蔵

本図の作者・卞璞は18世紀に活躍した釜山の画家であり、1763（宝暦13・英祖39）年には騎船将として通信使に随行したことで知られる。倭館の成立は中世とされており、当初は朝鮮沿岸に不法に滞在する日本人を隔離するための施設であったが、近世になると、対馬藩による朝鮮との外交・貿易が行われる施設として機能するようになった。本資料は、1678（延宝6・粛宗4）年に完成した草梁倭館（초량왜관）を描いたもので、対馬藩の外交権が外務省に接収される1871（明治4）年までその役目を果たした。　（迫田）

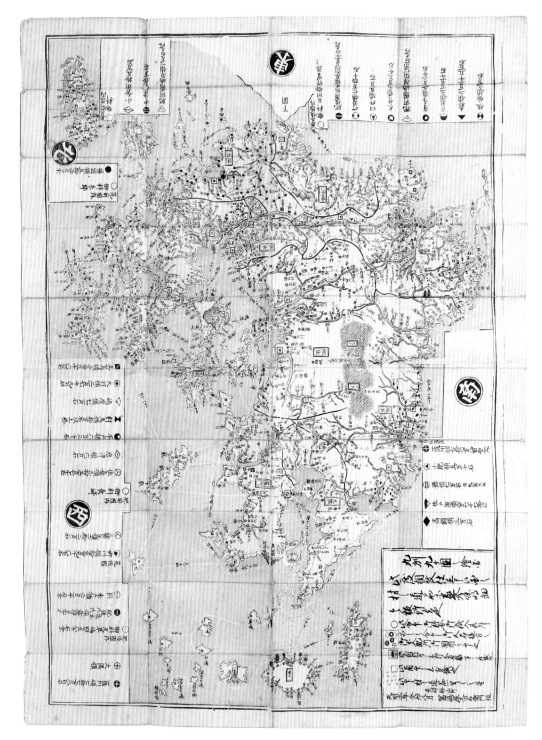

4　九州九ヶ国之絵図

Map of Kyusyu

1783（天明3）年／日本／富島屋文治右衛門／木版／西南学院大学図書館蔵

江戸時代後期に出版された九州の図。沖縄諸島や奄美群島は描かれていないものの，トカラ列島は描かれており，地名や領地の区分だけでなく，主だった航路なども細かく示されている。本図を出版した豊島屋は，宝暦年間（1751-64）から文政年間（1818-30）まで長崎勝山町で営業を行った版元で，出島や唐人屋敷などの版画を多く出版したことで知られる。天明元年頃の代替わりに伴って屋号を富島屋へ変更しており，本資料は富島屋の名で出版されている。（迫田）

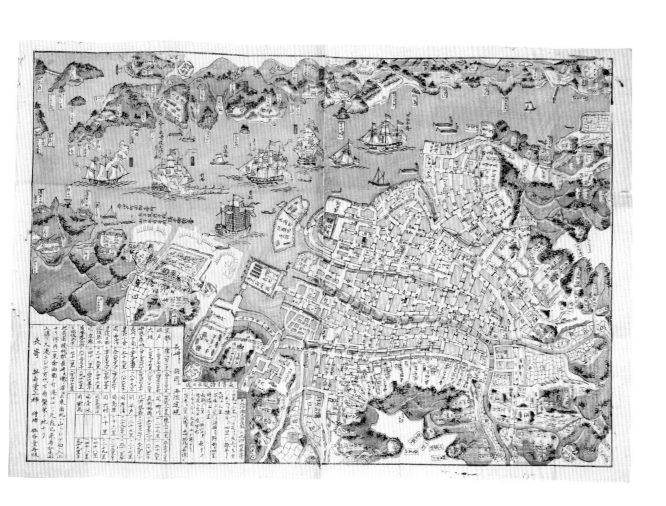

5　肥前長﨑図

Map of Nagasaki

江戸時代後期／日本／耕寿堂上梓，長崎梅香堂再板／木版色摺／西南学院大学博物館蔵

長崎の商人らの出資や幕府からの援助などにより，1636
（寛永13）年に出島が，1689（元禄2）年には唐人屋敷
が長崎の町に置かれることとなった。本図の中央付近に
描かれている扇形の島が出島であり，その下部に浮かぶ
長方形の島にかかる橋に沿って目線を下ろすと周囲を柵
と堀に囲われた唐人屋敷がある。唐人のための蔵が置か
れていた長方形の島は，1702（元禄15）年に新しく築造
されたため「新地蔵所」と呼ばれる。長崎で版行された
浮世絵は長崎版画と呼ばれ，安価な上にモチーフとして
オランダ人や中国人の姿や持ち物が多く取り入れられた
という珍しさから，土産物として人気があり，長崎の町
には多くの版元が存在した。　（迫田）

● 「四つの口」解説

かつて「鎖国」と呼ばれた政策は、現在では、明・清や朝鮮などで適用された「海禁」政策の一種であったと考えられている。江戸幕府は、人の往来や建造する船の大きさを制限しながらも「四つの口」と呼ばれる窓口を開き、琉球・朝鮮に対しては「通信」、アイヌに対しては「撫育」、そしてオランダ・中国に対しては「通商」という立場をとり、それぞれとの交流を行った。

■ 対馬口

対馬は古来、朝鮮との交流を行っていた。対馬藩主である宗氏は12世紀末に九州太宰府から派遣された在庁官人が武士化した一族であると言われており、文禄・慶長の役後、断絶していた朝鮮との国交回復を成し遂げた。これにより、幕府は朝鮮との外交・貿易を宗氏に一任することとなった。

釜山に設置された倭館には対馬から派遣される定例の使節など、常時500人ほどの日本人男性が滞在しており、朝鮮との貿易だけでなく、朝鮮通信使や渡海訳官使などの使節の来聘手続きや、両国の漂流民の送還などもこの場所を通して行われていた。

朝鮮との貿易では、対馬は銀や銅、硫黄、蘇芳などを主に輸出し、朝鮮人参や木綿、米などを輸入していた。対馬藩の内高は肥前の飛び地を含め2万石程度であったものの、朝鮮との外交を行っているということで、10万石格の大名として扱われた。

■ 薩摩口

琉球では、12世紀頃から各地に按司（地域の首長）が現れた。南山・中山・北山の按司はそれぞれ中国との朝貢貿易を行っていたが、1429年に中山の尚巴志が琉球を統一し、政権を樹立した。

中国との朝貢関係を結んでいた琉球だったが、1609（慶長14）年に薩摩藩の侵攻を受け、冊封体制と幕藩体制の双方に属することとなった。琉球と中国との朝貢貿易では、琉球が銀・海産物・泡盛などを輸出し、生糸・縮緬・陶磁器・薬・書物などが中国からもたらされている。

また、琉球は将軍の代替わり時には慶賀使を、琉球国王の代替わり時には幕府への謝恩使を派遣した。その際には琉球漆器や泡盛などが献上されたほか、薩摩に設置された琉球館では琉球との貿易が行われた。これにより、琉球王府の専売であった砂糖やウコンなども日本へと輸入されている。

■ 松前口

中世以来、アイヌ民族は日本・黒竜江流域・カムチャッカ半島などの地域の人々と広く交易を行ってきた。近世の蝦夷地は、外国船の接近に伴い、幕府の直轄領となる時期もあったが、基本的には松前藩がアイヌとの交易の主体を担っていた。

蝦夷地では米の収穫が見込めなかったことから、当初、松前氏は無高の蝦夷島主や旗本という扱いであったが、1719（享保4）年に1万石格として幕府に認められた。17世紀には藩主の直営商場が設けられ、上級家臣に知行としてアイヌとの交易権を与える商場知行制がとられていたが、17世紀末から18世紀になると、家臣たちが交易を商人に委託する場所請負制が主流となった。アイヌとの交易では、本州の商人から入手した酒・米・煙草・鉄製品などを輸出する代わりに、干鮭・干鱈・熊胆・猟虎皮・鷹羽などを輸入した。

■ 長崎口

1571（元亀2）年の開港以降、長崎の町は急速に発展した。「通商」相手として貿易を認められたオランダは、江戸時代を通じて出島の借地料として年間約1億円にあたる銀55貫を支払っていた。唐人屋敷も同様で、家賃・借地料は年間銀160貫余であった。

オランダとの貿易で輸入されたのは生糸や砂糖、ガラス製品、陶磁器などがあった。日本からは銀や銅、樟脳などのほか、明清交替に伴って一時的に衰退した中国の陶磁器に代わり、日本の陶磁器が輸出されることになった。

中国との貿易では、生糸や絹織物、砂糖が輸入され、日本からは銀・銅が、銅の輸出が制限されてからは煎海鼠や干鮑、フカヒレなどの俵物が輸出された。貿易の利益の一部は、箇所銀・竈銀といった助成銀として、地主だけでなく家屋借家人を含む長崎全町民に対し支払われている。

第2章

長崎における対外交流

External Interactions in Nagasaki

長崎は1571（元亀2）年，大村純忠によって開港されて以降，多数の外国船が来航する交通の要衝として栄えることとなった。長崎市中には唐人・ポルトガル人が散宿し，貿易が行われていたのである。その後，キリスト教の布教を危惧した幕府によって，1636（寛永13）年に出島が築造されたが，ポルトガル船の来航が禁止され，1641（寛永18）年には平戸のオランダ商館が出島へ移転した。さらに，1689（元禄2）年には唐人屋敷が作られ，近世の長崎の町並みが完成したのである。

Nagasaki had been opened by Omura Sumitada since 1571 and flourished as an instrumental part of transportation visited by many foreign ships. In Nagasaki city, Chinese and Portuguese people dispersed and conducted trade. Thereafter, the Shogunate, for fear of propagation of Christianity, constructed Dejima in 1636. However, due to the ban on the visitation of Portuguese ships, the Dutch trading house in Hirado moved to Dejima in 1641. Furthermore, Chinese Residences were constructed in 1689, finally completing the modern townscape of Nagasaki.

第 1 節 出島 Dejima

　オランダとの貿易が幕府に認められた1609（慶長14）年，世界初の株式会社と呼ばれるオランダ東インド会社の商館が平戸に設置された。平戸オランダ商館は，1640（寛永17）年に，建物の破風部分にキリスト教にちなむ西暦の表記があったことを理由に取り壊しを命じられ，翌年にはポルトガル船の来航禁止によって無人となっていた出島へ移転することになった。

6　唐蘭船長崎入津図

Picture of Foreign Ships Entering Nagasaki Port

明治時代初期／日本／歌川貞秀／絹本着色，軸装／西南学院大学博物館蔵

　江戸時代を通して，長崎の港には多くの外国船が訪れていたが，季節に関係なく往来する唐船に対し，オランダ船は東インド会社が拠点とするバタヴィア（現在のジャカルタ）から季節風を利用して日本へ渡航したため，毎年旧暦の6月から7月頃に来航することになっていた。17世紀中期には最大で12隻のオランダ船が入港するなど，大変な賑わいを見せていたが，18世紀以降には船数を2隻，さらに1隻へと制限された。本資料は明治初期に製作されたものと考えられ，長崎湾を航行する唐蘭船と，奥には湾内まで曳航される唐船の様子が精密に描かれている。作者の歌川貞秀（1807-1879頃）は横浜浮世絵の第一人者で，長崎の風景を描いた作品も多く残している。

（迫田）

表　　　　　　　　　　　　　　　　裏

7　紅毛人プラケット

Small Wall Hanging with Picture of a Dutch Trader

江戸時代／日本／銅板，高蒔絵，螺鈿／西南学院大学博物館蔵

本資料は西洋の壁掛け（プラーク）を模した装飾品で，小型のものであるためプラケットと呼ばれる。表面には犬を連れたオランダ人が蒔絵で表現されており，周囲には螺鈿細工が施されるなど，豪奢な装飾がなされている。

裏面は蒔絵で，長崎湾を出航する唐船が描かれている。プラークおよびプラケットは，18世紀後半頃から西欧の肖像画や風景画を原画としたものが長崎や京都で数多く製作され，西欧に輸出された。（迫田）

8　紅毛人硯屏

Inkstone Screen with Picture of a Dutch Trader

江戸時代後期／日本／漆絵，螺鈿／西南学院大学博物館蔵

硯屏とは硯のそばに置く衝立で，ほこりなどを防ぐ目的で使用する。本資料はもともと硯屏として作られたのではなく，あとから硯屏として仕立て直されたものである可能性が高い。腰にサーベルを下げ，後ろを向いているオランダ人の姿が描かれており，周囲には螺鈿細工が施されている。職人たちの高い技術がうかがえるとともに，オランダ人モチーフが日用品にも用いられていることから当時の異国趣味が垣間見られる。（迫田）

9 出島蘭館図巻

Picture Scroll of the Dutch Trading Post in Dejima

江戸時代中期／日本／紙本着色，巻子装／西南学院大学博物館蔵

● 出島について

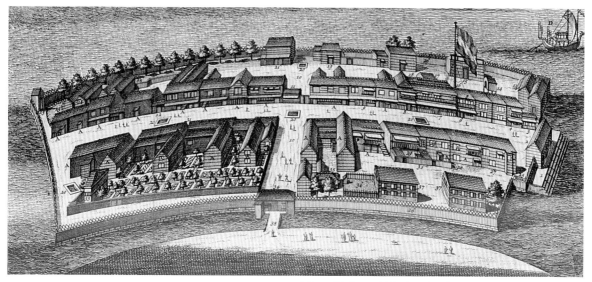

図1　「出島図」部分（18世紀／銅版／西南学院大学博物館蔵）

出島に滞在した外国人

　日本へやってきた商館員のうち，出島へ上陸できたのは商館長をはじめとする商館長次席・荷倉役・簿記役・医師など10〜15人程度である。オランダ人以前に出島へ居住していたポルトガルの商館長が「カピタン」であったことから，日本人はオランダ商館長（Opperhoofd）のことも「カピタン」と呼んだ。商館長に次ぐ職位である商館長次席（Tweede persoon）もまたポルトガル語由来の「ヘトル」と呼ばれ，彼らの中には，のちに商館長となった者も多くいる。医師としては，19世紀前半に来日したドイツ人のシーボルトが有名だが，彼と同様に商館員の中にはオランダ人だけでなくスウェーデン人，デンマーク人，ポルトガル人なども含まれていた。乗員名簿には彼らの出身地は記されず，日本側は商館員全員をオランダ人として扱った。

　また，オランダ人はインドネシアを中心とする東南アジア周辺の人々を使用人として抱えていた。彼らは勤勉であり，楽器などの演奏にも長けていたと言われる。シーボルトも「オルソン」というスラウェシ島出身の若者を召し抱えており，オルソンはシーボルトと楠本たきとの間に生まれた「いね」の子守りなども任されている。

オランダ人とキリスト教

　オランダは，幕府の法令を遵守することを条件に日本への滞在・貿易を許可されていたため，一般の日本人とは隔離されていた出島であっても，キリスト教に関する文物の持ち込みは禁止されていた。1775（安永4）年に商館医として出島を訪れたツュンベリーの『江戸参府随行記』によると，商館員が持参した聖書や祈禱書などは，長崎に入港してすぐに一つの箱に集められ，蓋を釘で打ち付けた状態で帰航時まで日本の役人に預けられたという。

　また，キリスト教の祝祭なども公には行うことができなかったが，12月の半ばには冬至を祝うと称してクリスマスを祝っていた。この風習は日本人からは「阿蘭陀冬至」と呼ばれ，この日にはオランダ本国でクリスマスに作られる料理を模して，豚の頭を飾り付けた特別な料理が振る舞われていたという。

　なお，幕府はオランダ人がキリスト教徒であることを承知していたが，島原・天草一揆の際に，オランダが原城への砲撃を行ったことを以て幕府への恭順を示したと考えており，江戸時代を通してオランダ人に対して絵踏などの行為を求めていない。

● 西南学院大学博物館所蔵「出島蘭館図巻」について

資料の成立

　当館が所蔵する「出島蘭館図巻」は「長崎唐館図及蘭館図巻」（九州国立博物館蔵）や，「長崎唐蘭館図巻」（神戸市立博物館蔵）などの出島のオランダ商館を描いた図巻と，登場人物や構図がほぼ同一のものである。中国語の通訳である唐通事仲間の業務日誌だと考えられている『唐通事会所日録』の1699（元禄12）年４月27日の項には，この資料に関連すると思われる記述が残っている。これによると，唐人屋敷と出島双方の絵図を仕立てるよう注文したのは「近江守」であり，この「近江守」とは，長崎の巡察に訪れていた幕府の勘定奉行・荻原重秀（1658-1713）のことだと考えられる。

　「唐館」と「蘭館」の絵図の製作を依頼されたのは，江戸時代中期の長崎派の画家・渡辺秀石（1642-1709）であった。秀石は御用絵師であると同時に，舶来物の絵画の鑑定を行う「唐絵目利」という重要な職に初めて任命された人物で，以降渡辺家からは唐絵目利が多く輩出されている。しかし，渡辺一門は６代の秀詮までの作品には落款や印章が残されていないものが多く，判別が非常に困難である。そのため，重秀が注文した原本と断定できる資料は見つかっていないが，九州国立博物館や神戸市立博物館，そして当館が所蔵する蘭館図巻は，いずれも原画の系譜を引くものであると推測されている。

描かれたもの

　扇の形をした約4,000坪の島には，食用の牛や豚を飼育する小屋などを含め，40棟以上の建物が立ち並んでいたことが分かっている。「商館」であるため，宿舎や倉庫がその多くを占めていたが，出島で長い時間を過ごすオランダ人たちのため，庭園や遊技場などの施設も設けられていた。

　絵巻中では商館員たちが役人と思われる日本人と話す場面や食事の風景のほか，遊技場で「玉突き」（ビリヤード）をしたり，ワインを飲んだりしている日常の風景が描かれている（図１）。また，使用人である東南アジア人も給仕や楽器の演奏といった仕事だけでなく，バドミントンをして遊ぶ様子（図２）も描かれている。江戸後期の戯作者・蘭学者である森島中良が著した『紅毛雑話』（1787）の中には，バドミントンは「羽子板」として，「ラケット」と「ウーラング」（シャトル）の詳細な図とともに紹介されている。これによると，バドミントンは出島の「黒坊」が「閑暇」な時にする遊びであると説明されており，オランダ人がする遊びではないと認識されていたようである。

　出島では２度の大火が発生しており，最初の大火である1798（寛政10）年以前の出島を描いた資料が少ない。本資料は，1700年頃の出島の建物の様子や，

日常生活のさまざまな場面を細部に至るまで丁寧に描いているという点で非常に貴重なものである。

図１　「出島蘭館図巻」部分

図２　「出島蘭館図巻」部分

10 ワインボトル

Dutch Wine Bottle

18世紀／オランダ／ガラス／西南学院大学博物館蔵

本資料は，主に17〜18世紀に製作されていたオランダ製ワインボトルである。肩部から胴部にかけては半球形状に丸みを帯びており，底部は極端な上げ底になっている。本資料と同形状のワインボトルは，イギリスでは「Onion（タマネギ）」，オランダでは「Kattenkop（猫頭）」，日本国内では「フラスコ型」などと呼ばれる。「出島蘭館図巻」（資料番号9）にその姿が描かれているように，ワインは商館員たちの生活に欠かせないものであったことがうかがえる。出島へ持ち込まれたワインは，オランダ商館長から長崎奉行などへの贈答品とされたこともあった。また，中身が消費されたのちも，ボトル自体が貴重な舶来品として珍重されていたようである。

（相江・鬼束）

11 ジンボトル

Dutch Gin Bottle

19世紀／オランダ／ガラス／西南学院大学博物館蔵

本資料は，19世紀に製作されたオランダ製ジンボトルである。肩部には「AH」と刻印されている。当時のオランダ人商館員たちはアルコール度数が高い「ジェネーバ」というジンを持ち込んでおり，廃棄されたジンボトルが出島から出土している。「ワインボトル」（資料番号10）と同様，「出島蘭館図巻」（資料番号9）など日本の史料に描かれており，ジンが日常的に消費されていたことが分かる。（山本・鬼束）

コラム オランダ製ワインボトルの流通について

大野城心のふるさと館 運営事業学芸員 鬼束芽依

出島においてオランダ東インド会社の商館員たちがどのような生活を送っていたのかは，近年の発掘調査により段々と明らかになってきている。生活に関する出土遺物を例に挙げると，国産・海外産の陶磁器類をはじめ，クレーパイプ，ガラス製品，動物の骨などが出土している。これらの出土遺物と文献・絵画史料を併せて検討することによって，商館員たちの食事風景や習慣などの実態が浮かびあがってくる。

大量の出土遺物の中でも，商館員たちが生活していた出島ならではの遺物が存在する。当時のヨーロッパにおいて一般的な喫煙具であったクレーパイプがその代表例として挙げられる。オランダはクレーパイプの生産地であり，オランダから持ち込まれ廃棄されたとみられるクレーパイプが出島から多量に出土している。また，長崎版画などのオランダ人をモチーフとした絵画には，オランダ人がクレーパイプを燻らせる姿がたびたび描かれた（図1）。これらのことから，クレーパイプはオランダ人にとっては生活に欠かせないものであり，日本人にとっては異国情緒のあるものとして捉えられていたことがわかる。

先にクレーパイプを例に挙げたが，今回はワインボトルについて詳しく取り上げることとする。ワインは，商館員たちによってオランダから持ち込まれ，食事の際など日常的に飲まれていた。空になったワインボトルはそのまま出島に廃棄されたため，出島からはワインボトルが大量に出土する。一例を挙げると，オランダ商館長の居宅であったとされるカピタン部屋跡の調査では，計3,990個体の「玉葱（タマネギ）形」のワインボトルが出土している（山口・豊田編 2008：226頁）。出島から出土するワインボトルは特徴的な形をしており，肩部から胴部にかけて半球形状になっている。資料番号10（本書21頁）のワインボトルと同形状のもので，イギリスでは「Onion（タマネギ）」，オランダでは「Kattenkop（猫頭）」と呼ばれるが，日本国内の報告書などでは上記の「玉葱形」や「フラスコ型」と呼ばれている。オランダ人たちがワインを飲む様子は長崎版画などにおいてしばしば描かれ，その中にワインボトルも一緒に描かれることがあるが，「出島蘭館図巻」（資料番号9，本書16-17頁）には鎧櫃（よろいびつ）と思われる箱の上にジンボトルと並んで置かれている姿や，従者が運んでいる姿などが描かれている。

ワインボトルは，中身であるワインが消費された後も，ボトル自体が貴重な舶来品として珍重されていたといわれる。海に捨てられた空瓶が回収され高値で取引されていたという話（由水 1983：163-164頁）や，出島に出入りした役人たちが駄賃代わりに空瓶を要求したという話（扇浦 2002：98-99頁）などが知られる。商館員たちにとってはその場で廃棄するようなありふれた生活用品であったが，当時の日本人にとっては貴重な海外製ガラス製品であり，異国情緒あふれるものだったようだ。ワインボトルが出島の外へ持ち出されていたことは，発掘調査においても明らかになっている。出島の範囲外である長崎市

図1 「紅毛人遠見之図」（19世紀，木版色摺，西南学院大学博物館蔵）このような紅毛人をモチーフとした長崎版画は，異国情緒を感じさせる土産物として人気を博した。

中のみならず，江戸府内の近世遺跡からもワインボトルが出土している。ただ，出土したワインボトルのみでその流通の実態を明らかにすることは難しい。ここからは，二つの史料からワインボトルの流通について見ていきたい。

　一つ目は，1796（寛政8）〜1798（寛政10）年に摂津国の名所を紹介するために編さんされた地誌『摂津名所図会』四巻大坂部上にある唐高麗物屋の挿絵である（図2）。長崎貿易によって入手した舶来品を扱っていた店で，左の棚にはガラス製品が並べられており，店の中ではエレキテルの実演が行われている。この中にオランダ製ワインボトルも描かれている。玉葱のような特徴的な形だけでなく，よく見ると，この形のワインボトルの特徴である上げ底の部分までしっかりと描かれている。おそらく，長崎に出入りした商人らによって大坂までワインボトルが運ばれ，この唐高麗物屋で売られていたのだろう。大坂だけではなく，日本の各都市にこのような舶来品を扱う店があったとすれば，そこでワインボトルが販売されていた可能性もある。

　二つ目は，実際にワインボトルを長崎で購入したという記録を紹介する。主に18世紀後半に画家・蘭学者として活動していた司馬江漢は，1788（天明8）年52歳の時に長崎まで旅行をしている。1815（文化12）年にその旅行を振り返り『江漢西遊日記』を著した。11月3日の日記に「ボーフラスコ壱本に付き六十四文，六七本買ふ」とある。このボーフラスコとはワインボトルのことで，当時は一本「六十四文」で販売されていたようだ。どこから・誰から購入したのかは具体的に言及されていないが，長崎市中で確かにワインボトルが流通していた手掛かりになる記録である。

　ここまでオランダ製ワインボトルの国内での流通について，史料をもとに簡単に紹介してきた。実際の流通ルートや，国内で二次利用されていたか否かなど，まだ不明な点も多い。しかしながら，ワインボトルのみならず，出島において商館員たちがどのような生活を営んできたのか，そして日本人がそれらをどのように受容してきたのか，これからの発掘調査で発見されるであろう様々な遺物によって，その実態がますます明らかになっていくことになるだろう。

【主要参考文献】
扇浦正義　2002「長崎出島と旧市街地出土の和蘭貿易遺物」小林克編『掘り出された都市―日蘭出土資料の比較から―』81-107頁，日外アソシエーツ株式会社
鬼束芽依　2021「西南学院大学博物館蔵　オランダ製『ワインボトル』」『西南学院大学博物館研究紀要』第9号，101-113頁，西南学院大学博物館
司馬江漢著，与謝野寛等編纂校訂　1927『西遊日記』日本古典全集第2回，日本古典全集刊行会
山口美由紀・豊田亜貴子編　2008『国指定史跡　出島和蘭商館跡　カピタン部屋跡他西側建造物群発掘調査報告書』長崎市教育委員会
由水常雄　1983『ガラスの話』新潮社

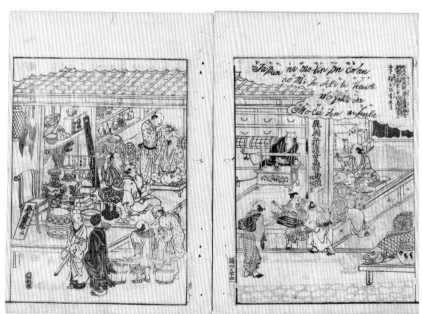

図2　『摂津名所図会』（国立国会図書館デジタルコレクション）より唐高麗物屋・疋田蝙蝠堂の図。店先に3本ワインボトルが並んでいる。

第2節 唐人屋敷 Chinese Residences in Nagasaki

　1635（寛永12）年，中国貿易は長崎でのみ行うこととなった。この時来航した唐人たちは長崎市中に散宿していたが，次第に密貿易などが問題となっていった。そのため幕府は1689（元禄2）年に唐人屋敷を完成させ，長崎に来航する唐人に対し市中への外出を禁じた。唐人屋敷に住む人々は，長崎奉行所による監視のもとで日々を送ることとなった。

12　唐館部屋の図

Picture of Chinese Room

複製／1964（昭和39）年／長崎美術同好会／
西南学院大学博物館蔵
原資料：江戸時代後期／日本／大和屋／木版色摺

　絵図に描かれている唐人は安永年間（1772-81）から寛政年間（1789-1801）に来日した貿易商人の陸明斎，丸山遊女は大町という人物と見られる。1931（昭和6）年に翻刻本として刊行された『長崎名勝図絵』によると，陸明斎はたいへんな日本好きであり，現在の浙江省嘉興市に位置する乍浦の自宅を日本の様式で建て，客をもてなす時には「忠臣蔵」の浄瑠璃を披露したという。当時，オランダ人や唐人が会うことのできる日本人女性は遊女のみであり，様々な絵図に遊女と親しむ貿易商人の姿が描かれている。　（早田）

13　唐人蛇躍図

Picture of Chinese Dragon Dance

複製／1964（昭和39）年／長崎美術同好会／
西南学院大学博物館蔵
原資料：江戸時代後期／日本／文錦堂／木版色摺

　龍踊が諏訪神社に奉納された最も古い記録は享保年間（1716-36）である。元は「蛇踊」と書かれていたが，しばしば「へびおどり」と誤読されたため，1964（昭和39）年に「龍踊」と名称を改めた。こちらも『長崎名勝図絵』に記載があり，巨大な龍が雷雨を呼ぶかのように激しく舞ったと記されている。また，唐人屋敷の完成前には長崎市内に位置する媽祖堂で歌舞を披露することがあったが，唐人屋敷が完成した後には自由に市中を出歩けなくなったために禁じられたとある。　（早田）

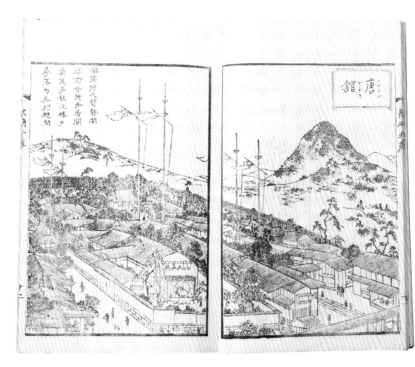

『長崎土産』より
「唐館」の図

『長崎土産』より
「清朝人」の図

14　長崎土産

Book about Famous Places and Cultures of Nagasaki

1847（弘化4）年正月／日本／磯野信春／木版，竪帳／西南学院大学博物館蔵

長崎について書かれた書物。中国人とオランダ人の生活や風習，祭りなどが詳細に絵図で示されており，中には眼鏡橋など現代まで遺るものも見られる。本文中には，随所に和歌や漢詩が挿入されている。これは長崎にゆかりのある人物や，当時人気があった堂上歌人の日野資枝（すけき）などが長崎の風景について詠んだもので，本書の権威付けを図ったものと考えられる。著者は江戸後期に活動した浮世絵師の磯野信春（？－1857）であり，本書の出版を請け負った大和屋は信春自身が経営する版元である。

（早田）

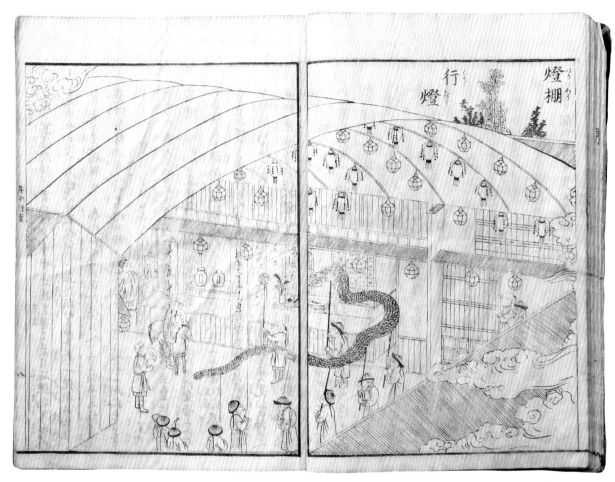

『清俗紀聞』巻之一より「燈棚」の図

15 清俗紀聞

Records of Chinese Customs and Cultures

1799（寛政11）年／日本／中川忠英／木版，竪帳，全六冊（十三巻）／西南学院大学博物館蔵

1795（寛政7）年に長崎奉行に就任した，中川忠英が中心となって編纂した中国文化に関する書物。全六巻に及び，年中行事・衣食住・冠婚葬祭や賓客のもてなし方がまとめられている。当時の長崎には福建や浙江などの中国南部からやってきた貿易商人が多く，本書の内容もその地域の人々から聞き取りを行ったものである。本書は非常に多くの挿絵が掲載されていること，女性や子どもでも読みやすいよう振り仮名が振ってあることが特徴として挙げられ，より幅広い層が読めるよう工夫が施されている。ここに登場する龍踊や関帝廟などは現在まで受け継がれており，長崎の文化として定着している。（早田）

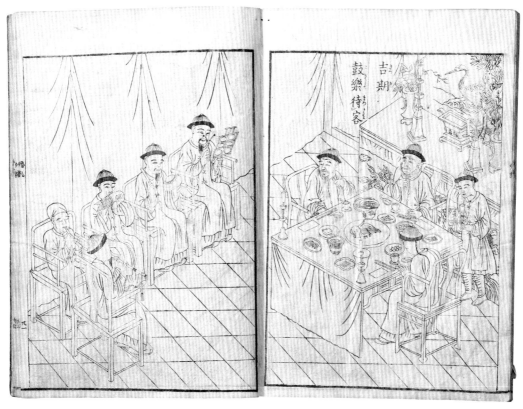

『清俗紀聞』巻之八より「吉期鼓楽待客」の図

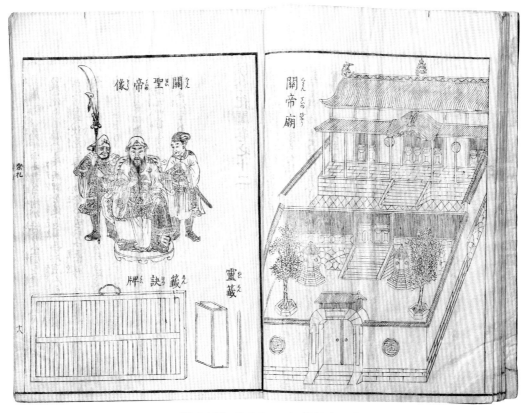

『清俗紀聞』巻之十二より「関帝廟」，「関聖帝像」，「霊籤」，「籤訣牌」の図

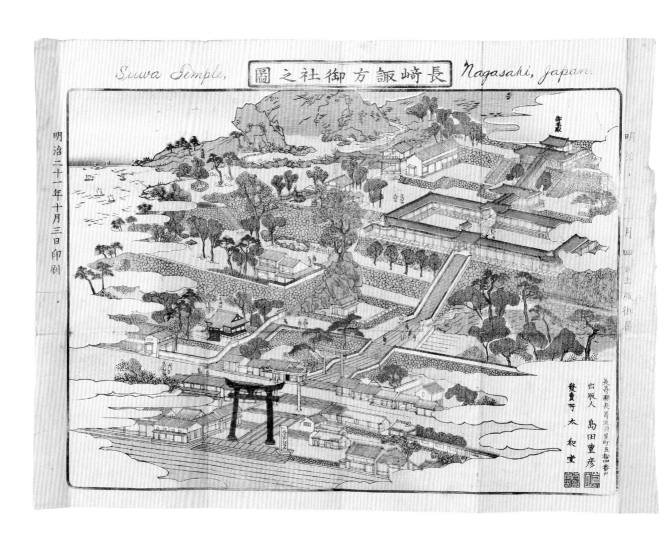

16 長﨑諏方御社之図

Suwa Shrine in Nagasaki

1888(明治21)年／日本／島田豊彦, 太和堂／木版色摺／西南学院大学博物館蔵

本博多町に置かれていた長崎奉行所は, 1663（寛文3）年の大火によって長崎江戸町の西役所と立山の東役所に分けられた。本資料は, 東役所の裏手に位置する鎮西大社諏訪神社を描いたものである。1878（明治11）年に刊行された「長崎諏方御社之図」には噴水が描かれていたが, 本図では噴水が削除されている。明治11年版の版画に描かれていた噴水は, 現在, 同図を参考にして神社の境内に復元されている。諏訪神社は1625（寛永2）年に長崎の産土神（うぶすながみ）として祀られたことが始まりとされており, 長崎くんちが行われる神社としても有名である。また, かつては花見の季節になると長崎奉行所から許可を得て唐人を神社に招待し, 長崎の役人と共に花見を楽しんだ場所でもあった。(早田)

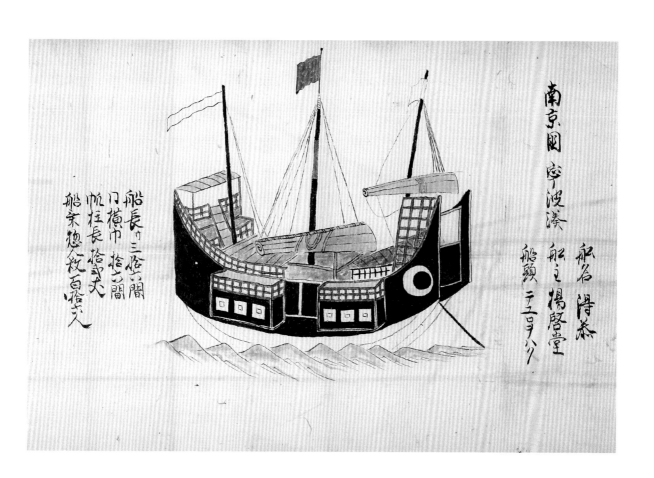

船宗惣紋百拾弐人
帆柱長拾壹丈
口横巾拾壹間
船長ケ三拾六間

南京國寧波湊船主楊啓堂船頭ニ五目ハリ

釈名得泰

17　南京国寧波湊明船之図

Picture of Junk

江戸時代後期／日本／紙本着色，軸装／西南学院大学博物館蔵

江戸時代に，清国寧波から出港した中国船を描いたもの。船の絵以外にも船に関わる情報が多数書き込まれており，それによると船長は36間（約65m），船の横幅は16間（約29m），帆の高さは12丈（約36m）で，乗船総人数は116名であったという。この船は「得泰号」といい，1825

（文政8）年に長崎を目的地として出航したものの悪天候に遭い，現在の静岡県に漂着したことが記録に残っている。本船の船主である楊啓堂は1822（文政5）年から1827（文政10）年にかけて来日したことが判明しているため，本資料はこの時期に描かれたとみられる。(早田)

コラム 『清俗紀聞』に見る唐人の食生活

西南学院大学博物館
学芸調査員　早田　萌

江戸時代，日本人にとって「外国人」という珍しい存在である唐人（中国人）やオランダ人は，次第に創作物のモチーフとなっていった。唐人を描いた絵画や書籍，小物などの品々は富裕層のみならず，一般庶民や出島に住むオランダ人の手にも渡った。

唐人について書かれた本の中に『清俗紀聞』という書籍がある。これは1795（寛政7）年に長崎奉行に就任した，中川忠英が中心となって編纂した中国文化についての記録である。元は中川自身が唐人について把握するために編纂したものだが，附言には「清国，東西風を異にし，南北俗を殊とすれバ，此編をもて普く清国の風俗と思ひ誤る事なかれ」，また，「和解の仮名もと通事に出れバ長崎語多し，聞て脱する者あれハ，児女の為に足を補ふ」と大勢が読むことを想定したと思わしき文章も見受けられる。このため，本来の目的以外に，知識人たちの需要に応えて出版したという側面もうかがわれる。

附言には本書の成り立ちについて，唐人屋敷に絵師を派遣し，長崎に滞在する唐人から祖国でどのように暮らしていたか聞き取りを行った，と記載がある。また，その唐人たちも誤りを正したり，時には絵に描いて示したりと協力的であったようだ。彼らの協力もあって，本書にはかなり細かく丁寧なスケッチが多数残されている。

『清俗紀聞』第三巻には，唐人の食文化について詳細な記述が残されている。この項目では，米，茶，酒，料理，作法が解説される。本コラムではこのうち茶と料理について紹介したい。

まず，茶についてである。ここでは茶の名称，一斤（約600ｇ）あたりの値段が書かれている。また，日本茶では摘んだ茶葉を蒸して飲用に加工することが多いが，中国茶は茶葉を炒って飲用に加工するものがほとんどである。本書には，摘んだのち鉄鍋で炒り，その後莚に広げて揉み，さらに鉄鍋で炒る方法が紹介されている。上質な茶葉ともなると20回ほどこの工程を繰り返して製造される。

本文中に挙げられている茶の名称もいくつか見ていきたい。まず，「武夷茶」である。これは現在では「武夷岩茶」と呼ばれ，烏龍茶に分類される。茶葉が福建省の武夷山周辺で収穫されるため，この名で呼ばれる。有名なものだと「鉄観音茶」もこの武夷茶の一種に分類され，品質ごとに値段が異なる。当時の武夷茶も同様で，上・中・下と品質が分けられていたようである。

次に「龍井茶」である。本文中には「竜井茶」とあるが，現在は龍の字を用いることが一般的である。この茶葉は武夷茶と同様に，品質ごとに細かく等級が定められている。産地は，浙江省に位置する龍井泉周辺の山々である。本書では「直段凡武夷茶に同じ」とあるため，当時より武夷茶と並ぶ品質であったことがうかがわれる。中国茶は製法によって緑茶・黄茶・黒茶・青茶・白茶・紅茶の六つに分類されるが，龍井茶は緑茶に分類されており，日本人になじみ深い緑茶に最も味が近いと言われている。

次に着目したいのが，料理についてである。ここでは主に漬物，宴会料理，日常の料理と項目別に記述されており，そのうち宴会料理はさらに細分化されている。今回は宴会料理について詳しく見ていき

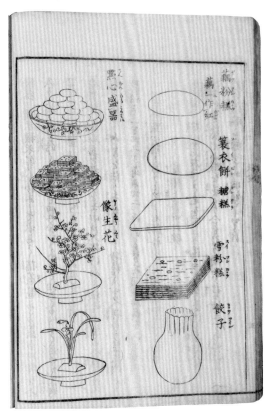

『清俗紀聞』第三巻　21丁裏（西南学院大学博物館蔵）

たい。

　宴会料理の項目は，前菜，主菜，デザート，コース料理に項目が分けられ，一項目につき10種類以上もの料理が紹介されている。

　前菜は，本文中では「請客各品」と呼ばれている。この中に紹介されている料理の中で最も我々になじみのあるものは，餃子だろう。これは麦粉で皮を作り，具は猪肉（豚肉）と椎茸と葱を刻んだものであった。日本の餃子と異なる部分は，「蒸す」か「焼く」かである。我々が普段目にするものは，焼き餃子が最も多い。店で売られている餃子は焼くことを前提にしているものがほとんどであるし，飲食店で提供されるものも大抵が焼き餃子である。一方で，中国では蒸し餃子もしくは水餃子が一般的である。そのため，本書に記載のある餃子も蒸籠で蒸して仕上げると記述されている。

　次に，「菜類上等十六椀」または「中等十椀或八椀」と呼ばれる主菜である。日本人にはなじみのない「熊の掌」だが，これは『孟子』にも記述が登場する伝統的な食材で，現在の中華料理においても非常に高価な食材である。中華料理店で食べることのできる熊の掌は，両手がそのままの形で煮込まれて提供されることが多い。これは当時も同じであったようだ。調理法は，熊の掌から毛を取り除き，酒と醤油でよく煮込むだけである。

　中華料理における高級食材と言えば，「燕の巣」も挙げられるだろう。これは「燕窩湯」という料理名で記述される。燕の巣を水で戻し，細かく裂いてから鶏の煮汁と合わせるというものである。このスープの具材は鶏肉や豚の干し肉，葱などで，スープそのものは「至極淡塩梅」にするよう書かれている。

　「猪蹄」という料理は，豚の股付の肉を酒，醤油，砂糖，香草などで柔らかく煮込んだ料理である。これは別名「東坡肉」といい，現在も長崎の中華街などでメニューに記載されているものを見ることができる。長崎県の名物である角煮まんじゅうは，この東坡肉をまんじゅうに挟んだものであり，当時持ち込まれた料理が長崎の地に根付いたものだと言える。

　以上の料理を出す順番を解説したものが，最後に記載されているコース料理についてである。まず，茶や汁物の料理が出され，次に先ほど紹介した熊の掌のような主菜が出される。主菜はひとつひとつを

「長崎唐館交易図巻」部分（神戸市立博物館蔵）

大椀に盛るか，鉢に盛るかの指示もある。次に点心が出される。ここでは四種類の請客各品が出されることが決まっており，すべて小鉢で配膳される。請客各品の次は再び汁物が出され，そこに主菜，請客各品，茶，飯と続く。これは客をもてなす際の手順を例にだして記述されているが，その品数は20以上に及ぶ。

　さて，このように書かれている唐人の食事だが，彼らについての記録を残した者は他にも存在しており，中川忠英の旧蔵品である絵巻にも唐人の姿が現れる。渡辺秀詮という絵師が描いた「長崎唐館交易図巻」には，唐人屋敷の中で食事をとる唐人たちの姿が描かれている。彼らは日本に自国の食文化を持ち込み，中国式の作法で食事をしていたことがうかがわれる。絵巻には，大鉢から料理を取り分けて食べている姿や，箸を片手に料理を待つ姿などが見られる。大きな食卓に料理を並べ，椅子に座って食事をする彼らの傍らには，遊女たちの姿もある。唐人たちのこういった日常の風景は，長崎の人々の関心を強く引いたようで，数多くの書籍や絵画となって現在も残っている。

　中川は附言にこのようにも記している。「答問僅に一年の間にして，しかも公務のいとまもあらざれバ，遺漏するもの多し。此後崎陽に至る人，是を補ふ事あらバ，予が望足るといふべし」。彼が更なる『清俗紀聞』の充実を望んでいたように，人々の外国に対する関心は衰えることはなかった。外国への関心は『清俗紀聞』の刊行から約50年後の黒船来航でより高まりを見せるようになっていく。

【参考文献】
孫伯醇，村松一弥『清俗紀聞』1−2，平凡社，1966年
谷本陽蔵『中国茶の魅力』柴田書店，1990年

● 「唐人屋敷」解説

　唐人屋敷は，1689（元禄2）年に現在の長崎市内に完成した。目的は市中に散宿する唐人と日本人の間で行われていた密貿易の取り締まりである。唐人屋敷内部の広さは約7,500坪，一度に約2,000人を住まわせることが可能であった。ここには日本人も出入りしていたが，立ち入りが許されていたのは一部の役人や町人，そして「唐人行」と呼ばれる丸山遊廓の遊女のみであった。このように誰でも自由に立ち入れる場所ではなかったため，唐人屋敷は版画や絵巻の題材として用いられるようになった。

　神戸市立博物館所蔵の「長崎唐館交易図巻」は，唐人屋敷を描いた作品の一つである。これは1795（寛政7）年に長崎奉行となった中川忠英の旧蔵品で，作者は渡辺秀詮である。

　本図は，唐船が長崎に到着してから荷揚げをし，役人の検査を受ける場面と，唐人屋敷で暮らす唐人の日常生活を描いたものである。前半部分には，役人の前で荷物を広げる唐人の姿や品定めをする役人の姿が描かれており，慌ただしく荷物を運ぶ人々の様子から当時の繁栄ぶりがうかがわれる（図1）。後半部分には唐人が鶏に餌をやる姿や囲碁に興じる姿（図2），食事をする姿などが描かれている。また，後半部分では前半部分には見られなかった遊女の姿が現れるようになる（図3）。唐人の中には特に日本の文化を好む者もおり，彼らは遊女からさまざまな文化を習ったという。

図1　「長崎唐館交易図巻」（18世紀後期〜19世紀初期／渡辺秀詮／絹本着色／神戸市立博物館蔵）

図2　「長崎唐館交易図巻」部分

図3　「長崎唐館交易図巻」部分

第3章

国際都市・長崎

Nagasaki: The International City

出島や唐人屋敷からオランダ人や唐人が自由に外出することは許されておらず，これらの施設へ出入りできた日本人もまた，長崎奉行所からの許可を受けた者だけであった。しかし，貿易による舶来品のみならず，出島や唐人屋敷が日本へもたらした文化や知識は，書物などを介して各地へと伝えられ，人々の生活の娯楽だけでなく，学問の発展などにも大きく寄与した。

Dutch and Chinese people staying in Dejima and Chinese Residences in Nagasaki could not go out freely and the Japanese people who could go in and out. These areas were limited to the persons having received permission from Nagasaki Magistrate's Office. The various foreign goods, cultures, and knowledge gathering in Dejima and Chinese Residences, however, were transmitted through books and other media. Consequently, they contributed to entertainment, as well as the considerable development of sciences.

異文化との交流 Intercultural Encounters

　出島や唐人屋敷には，限られた範囲ではあったものの，さまざまな人やものが出入りしていた。これらの出入りする人やものを介してもたらされた異国の文物は，人々の好奇心を刺激し，多様なかたちで記録されることとなる。

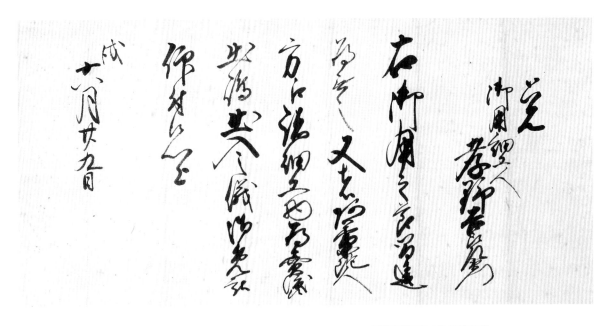

覚
御用細工人
　　孝野吉郎左衛門

右御用之節、間違
為レ無レ之、又者阿蘭陀人
方江諸細工物為二売渡候一、
出嶋出入之儀御免被二
仰付一候、以上

　　　　戌
　　　六月廿九日

18　長崎阿蘭陀商館出入許状

Permission Document for Entering to the Dutch Trading Post, Nagasaki

江戸時代中期／日本／紙本墨書，軸装／西南学院大学博物館蔵

　長崎奉行所から御用細工人である孝野吉郎左衛門へ与えられたと思われる出島への出入許可状である。本資料は発行された文書の写しであると考えられる。幸野吉郎左衛門は時計細工師として知られた人物であり，1729（享保14）年には八代将軍吉宗に招かれ，将軍家の香箱時計を修繕したことから「御用」と冠された。その後，幸野家は代々「御時計師役」として長崎奉行の御用を務めている。　（迫田）

表　　　　　　　　　　　　　　　　　裏

[参考] 唐人屋敷門鑑

A Pass of Chinese Residences

1839(天保10)年／日本／木製／九州大学附属図書館付設記録資料館蔵

出島や唐人屋敷に立ち入るためには,「門鑑」と呼ばれる通行手形が必要であった。門鑑の表面上部には町年寄の,下部には乙名・組頭の焼印が押され,裏面には通行する本人の役職と名前が記載されている。上部に開いた穴には紐を通していたと思われ,首や腰に下げて使用されていたと考えられる。(迫田)

▷出島・唐人屋敷の出入りについて

　出島や唐人屋敷へ日本人が出入りするためには,長崎奉行所からの許可が必要であった。出入りが許された人々は,乙名や目付といった施設を管理・監視する役人のほか,阿蘭陀通詞や唐通事などの通訳やその見習い,大工,絵師,遊女,オランダ人の日用品を調達するコンプラドール(仲買人)など多岐に及んだ。日本人女性の中で入館が許可されたのは丸山遊廓の遊女のみであり,丸山は遊女が廓の外を往来できるという全国でも特異な遊廓であった。なお,オランダ語の通訳を「詞」に通じる「通詞」と表記するのに対し,中国語の通訳が「通事」と表記されるのは,唐通事には帰化人の子孫が多く,言葉だけでなく様々な「事」にも通じていたためである。

　唐人・オランダ人の長崎市中への自由な外出は許可されていなかったが,17世紀半ば以降,長崎くんちの際には,大波止に設けられた桟敷席での観覧が許可されていた。また,オランダ人は将軍に拝謁し,献上品を納めるため,江戸時代を通じて166回の江戸参府に赴いている。往復3〜4カ月に及ぶその道中はオランダ人にとって数少ない日本見学の機会であり,ケンペルやシーボルト,ツュンベリーなどが詳細な記録を残している。

表 裏

19 VOC コイン

VOC (Dutch East India Company) Coin

1746年／オランダ東インド会社／銅製／西南学院大学博物館蔵

表 裏

20 VOC コイン

VOC (Dutch East India Company) Coin

1790年／オランダ東インド会社／銅製／個人蔵

表にはオランダ東インド会社（Vereenigde Oost-Indische Compagnie）の社章である VOC のモノグラムが，裏にはオランダ王室の紋章が刻印された銅貨。17世紀後半以降，出島の輸出品は銅が中心となっており，オランダは日本から輸入した銅を南アジアに持ち込んで現地で貨幣として加工していた。この銅貨はオランダ東インド会社の交易圏で広く流通した。これらの VOC コインには西暦で製造年が刻まれている。（早田）

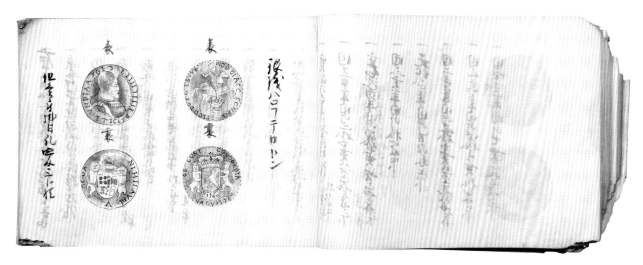

21 珍奇貨幣図譜

Illustrated Catalogue of Coins from Different Countries

江戸時代中期〜後期／日本／紙本墨書，小横帳／西南学院大学博物館蔵

宝暦年間（1751-64）から文政年間（1818-30）までに，中国船・オランダ船によってもたらされた珍しい貨幣の記録。中国から持ち込まれた足赤金や馬蹄銀，オランダから持ち込まれたコインなど，それぞれ図像，重さ，価格が記録されている。中には貿易船のみならず漂流船から得たものも確認できる。描かれた洋銀銭の中には，出島で発見されたVOCコインと類似する刻印の貨幣が多く，「呂宋」や「魯西亜」といった国名が記録されているものも存在する。（早田）

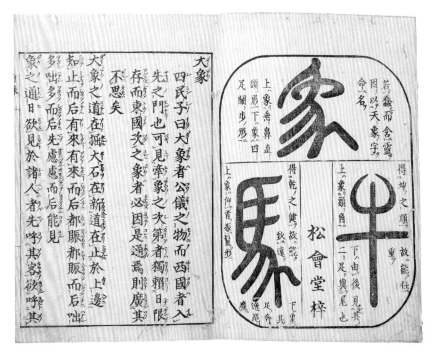

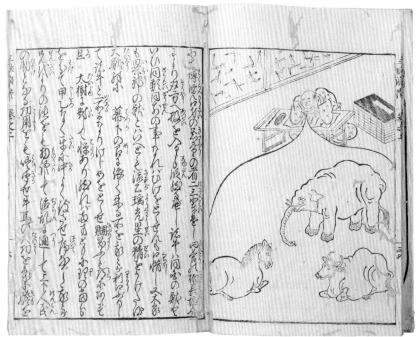

22 三獣演談

Argument of Three Wise Animals

1729（享保14）年／日本／神田白竜子／木版，竪帳，全三巻／西南学院大学図書館蔵

1728（享保13）年6月7日，雌雄の象が唐船によって長崎にもたらされ，しばらくの間，唐人屋敷内で飼育された。これは八代将軍徳川吉宗が注文したもので，雌の象は上陸して3カ月で亡くなってしまったが，雄は翌年2カ月あまりをかけて江戸までの道のりを歩き，1742（寛保2）年まで日本で飼育された。象の来日は庶民の間で

も話題になり，浮世絵や本など多くの作品が世に出ることとなった。本資料もその一つで，「老牛先生」と「老馬先生」が象に談論を挑み，最後には義兄弟の契りを結ぶという内容になっている。作者は江戸時代中期に人気を博した講談師・神田白竜子である。（迫田）

● 海を渡ってきた動物たち

図１　「出島蘭館図巻」牛・ヤギ　部分

図３　「出島蘭館図巻」ヒクイドリ　部分

江戸時代の日本には，四つの口を通じてさまざまな動物たちが日本へもたらされた。対馬からは将軍家や大名への贈答品として重宝された朝鮮の鷹や馬など，日本人にもなじみのある動物が輸入されたが，オランダ人や唐人が持ち込む動物たちの中には，当時の日本では見られないものも多く含まれていた。当館が所蔵する「出島蘭館図巻」（資料番号９）にもつがいの七面鳥や孔雀，牛や鹿など多数の動物の姿が描かれている。これらのうち，牛や豚，七面鳥などは，出島でのオランダ人の食用としてバタヴィアなどから持ち渡られたものである。出島の中には牛や豚を飼育する小屋が設けられていた。

図２　「出島蘭館図巻」インコ　部分

図２で東南アジア人の少年が餌を与えようとしているこの鳥は，頭が青く，くちばしが赤く，全身を緑がかった羽毛で覆われており，現代の日本人から見ても珍しい姿をしている。この鳥は，インドネシアやオーストラリアに棲息するゴシキセイガイインコという中型のインコと見られる。このように，長崎へ珍しい動物が持ち込まれた際には，長崎代官である高木家が御用絵師にその動物を描かせ，江戸へ運ぶか否かの伺いが立てられていた。

また，図３にあるヒクイドリも，1635（寛永12）年に平戸藩主が幕府に献上して以降，江戸時代を通してしばしば持ち込まれ，その珍しさから見世物となった動物の一つである。当時は駝鳥と呼ばれたヒクイドリは，インドネシアやオーストラリア北東部，ニューギニアなどに分布する動物で，喉の赤い肉垂が火を食べているように見えることからこの名が付けられた。なお，駝鳥は1658（万治元）年に幕府に献上された記録が残っているが，幕府に献上されて間もなく亡くなってしまっている。

また，江戸時代後期になってから，駱駝が３度持ち込まれていることが分かっている。最初に持ち込まれたのは1803（享和３）年，アメリカ船が連れてきたフタコブ駱駝であったが，この時アメリカが通商相手でなかったことから，この申し出は却下されている。２度目は1821（文政４）年であり，この時はオランダ船によって雌雄のヒトコブ駱駝がもたらされた。この駱駝たちはアラビアのメッカ生まれで，幕府に献上するために持ち込まれたものだという。しかし，一度は献上品として受理されたものの，駱駝は江戸に運ぶために莫大な費用がかかるということで，この申し出は拒否され，そのまま出島で飼育されている。しかし翌年には，ブロムホフが江戸参府を行うのに合わせて別の駱駝が用意され，実際に江戸までの道のりを歩いている。道中では，駱駝の見物のために多くの人が集まったという。

江戸時代に日本へ持ち込まれた希少な動物の多くは，長崎を通じてもたらされたものであった。長崎口は，人や文化だけでなく，動物の玄関口でもあったのである。

丸山遊廓 Maruyama Pleasure District

　日本における遊廓は，安土桃山時代に成立し，江戸時代になると幕府の管理下におかれることとなる。中でも長崎の丸山遊廓は江戸の吉原遊廓，京の島原遊廓と並び称され，1688（貞享5）年に刊行された井原西鶴の『日本永代蔵』には「長崎に丸山という所なくば，上方の金銀，無事に帰宅すべし」と表現されるなど，往時の繁栄ぶりがうかがえる。また，丸山の遊女は，日本人女性としては例外的に出島や唐人屋敷への出入りを許されており，多くの浮世絵の中に彼女たちの姿を見ることができる。

▷部分拡大図

　安政五カ国条約が締結されるまで，外国人は長崎市中を自由に移動できなかったが，1859（安政6）年以降は条約国の外国人の往来が許可されたため，丸山遊廓の中には条約国の外国人や，彼らに伴って来日したと思われる唐人の姿が描かれていることが分かる。

23 肥前﨑陽玉浦風景之図

Ukiyo-e of Nagasaki Port and Maruyama Pleasure District

1862（文久2）年／日本／歌川貞秀／木版色摺，六枚続／西南学院大学博物館蔵

右側4枚は丸山遊廓の内部が描かれ，左側2枚には長崎湾に浮かぶ新地蔵所，出島を挟んだ左端に稲佐山を臨む。丸山遊廓は，もともと長崎市中に散在していた遊女屋が1642（寛永19）年に1カ所に集められたことで成立しており，丸山町・寄合町の両町からなっている。丸山遊女は出島・唐人屋敷に出入りできた唯一の日本人女性であり，オランダ人・唐人の身の回りの世話なども行っていた。遊女の揚代は，唐人屋敷ではその場で支払われたが，出島では前年のオランダ船出帆後から当年の出帆までの間の代金が長崎会所を通じてまとめて支払われていた。

(迫田)

24　長崎円やま

Ukiyo-e of Maruyama Pleasure District in Nagasaki
1861（文久元）年／日本／歌川国貞・二代広重／木版色摺，三枚続／西南学院大学図書館蔵

丸山遊郭の遊女は衣装が豪華絢爛なことで知られ，天明期（1781-88）を代表する文人・大田南畝の作品中で「京の女郎に長崎衣装，江戸の意気地にはれ〳〵と，大さかの揚やで遊びたい」と表現されたほどだった。この版画を出版した森屋治兵衛は幕末から明治期にかけて江戸で活躍した版元で，初代広重の「新撰江戸名所」なども手がけている。本資料は人物を国貞（三代豊国）が，長崎港などの背景を二代広重が手がけた合作であり，停泊する唐船と曳航されるオランダ船を男女が眺めている様子が描かれている。女性の打掛には龍の意匠があしらわれるなど，異国情緒あふれる長崎の風情が伝わってくる。

（迫田）

丸山遊女とオランダ人 「粧ひ」とフィッセルの子どもたち

西南学院大学博物館学芸研究員　迫田ひなの

中世まで各地に散在していた遊女屋は，近世になると幕府によって一つの区画に集められ，官許の「遊廓」が形成されることとなった。江戸の吉原・京の島原・大坂の新町・長崎の丸山は特に繁栄した遊廓だが，中でも丸山遊廓は他の遊廓と性質を異にする存在であった。通常，遊廓で働く女性たちは，貧家から年季奉公という形で遊女屋に売られることが多かった。年季が明けるまで廓の外へ出ることはもちろん，特段の事情を除いては，仮に妊娠したとしても出産することは許されていなかったのである。

そんな中で，丸山遊廓は鎖国体制下の日本において異国人を相手にした唯一の遊廓であった。丸山遊女は日本人のみを相手にする「日本行」の遊女のほかに，唐人を相手にする「唐人行」，オランダ人を相手にする「阿蘭陀行」の3つに大別されており，「唐人行」や「阿蘭陀行」の遊女たちは廓を出て，唐人屋敷や出島へ出入りするのを常としていた。さらには，他の遊廓ではご法度であった妊娠・出産が許されており，遊女が唐人やオランダ人の子どもを身ごもった場合，父親となる相手の了承を得た上で，妊娠3〜5カ月頃を目処に町の乙名から長崎奉行へ懐妊の届が出されることとなっていた。丸山・寄合町の記録である『寄合町諸事書上控帳』（長崎歴史文化博物館蔵）には，さまざまな事件や絵踏の記録のほか，懐妊・出産の届なども控えられている。

丸山遊女と異国人との間に生まれた子は，死産や夭折の例も多かったが，中には商館長ドゥーフと「瓜生野」の間に生まれた道富丈吉のように地役人になった者や，商館医シーボルトと「其扇」との間に生まれ，日本初の女医となった「いね」のような例もある。今回は，約9年間にわたり日本へ滞在し，『日本風俗備考』の原書 Bijdrage tot de kennis van het Japansche rijk を出版したことで知られるフィッセルと，彼と約5年ものあいだ交流を重ねた「粧ひ」がどのような関係を築いたのか見てみよう。

フィッセル（Johan Frederik van Overmeer Fisscher, 1800–48）は，シーボルトとほぼ同時期の文政3（1820）年に来日し，書記・荷倉役などを歴任した人物である。彼はシーボルトと同様に日本文化や風俗，儀礼に対して関心を寄せており，日本滞在期間中，出島の出入絵師に多くの絵を描かせている。フィッセル

の収集品は，シーボルトやブロムホフらのコレクションとともに，オランダのライデン国立民族学博物館のほか，ピョートル大帝が創設したロシア最初の博物館であるクンストカーメラ（ロシア科学アカデミーピョートル大帝記念人類学・民族誌学博物館）などに所蔵されている。

フィッセルが寄合町筑後屋の主人「とら」抱の遊女「粧ひ」を出島へ呼び入れはじめたのは，文政6（1823）年の9月頃だとされている。『寄合町諸事書上控帳』に記載された年齢から逆算すると，「粧ひ」は文化3（1806）年頃の生まれと推測され，フィッセルよりも6歳ほど年下ということになる。現在確認できる資料によると，彼女は少なくとも2度，フィッセルの子を身ごもっていることが分かる。

最初の子が生まれたのは，文政8（1825）年の夏のことである。この年の寄合町の記録は現存していないが，この時生まれた男児はフィッセルの願い出によって9月に出島へ迎えられており，「粧ひ」ともども出島の中で暮らしていたものと思われる。年が明けた文政9（1826）年1月，商館長のステュルレルやシーボルト，薬剤師であるビュルガーなどは江戸参府のため長崎を出立したが，フィッセルは留守を任されたため出島に残っていた。しかしながら，フィッセルの子は病気にかかり，フィッセル自身もまた，3月中旬に体調を崩し寝込んでいることが，商館長の不在中，フィッセルによって作成された『留守日記』に記されている。商館医が不在の中，フィッセル親子は日本人医師による治療を受けていたが，治療の甲斐なく，子は28日に亡くなってしまう。息子の病状が重篤であることを察したフィッセルは，「混血児が出島で死亡する」という事態が奉行所で問題視されることを防ぐため，亡くなる2日前に幼い息子を出島から長崎の町方の医師の元へと送り出している。ちょうど9カ月になったばかりの息子の死に目に会うことも叶わなかったであろうフィッセルの胸中は察するに余りある。

ここで，1点，興味深い資料がある。フィッセルが日本人絵師に注文した作品は，先に述べたようにオランダ，ロシアなどに点在していることが判明しているが，クンストカーメラに所蔵された「長崎の墓地」という作品には，墓碑に手を合わせる一人の

女性が描かれているのである。

　川原慶賀はオランダ人画家・フィレネーフェから西洋画の技法を学んだ「出島出入絵師」で、この「長崎の墓地」も慶賀の作品だと思われる。周囲の墓石には「千秋万歳」や「李白一斗詩百」など、洒落を交えたような文言が書かれている中で、唯一人名らしき文字が記されている墓石が「ゼンゾウ」のものである。側面に書かれた戒名に「童子」という文字が使われていることから、彼は幼年で亡くなってしまったことが分かる。この墓が実在するか否かは分からないものの、フィッセルの日記中で亡くなった息子の名前が「Kaidsi Zinzoo」と表記されていることから、描かれた墓は息子のものである可能性が考えられる。

　それを裏付けるように、「ゼンゾウ」の墓の基壇石部分には、「J：F VAN OVERMEER FISSCHER」というフィッセルの名前と、その下部には「TAKE DAONAL」という文字が記されている。父親であるフィッセルの名と並んで記されているのは、母親である「粧ひ」の本名、「タケダナル」ではないかと思われる。「長崎の墓地」がフィッセルの注文によって息子の墓を描いたものであるならば、墓の前で手を合わせる女性は「ゼンゾウ」の母親である「粧ひ」であると考えるのが自然ではないだろうか。墓石に描かれた橘紋らしき紋様が女性の背紋に見られることからも、二人の血縁関係がうかがえる。

　「粧ひ」が2度目にフィッセルの子を授かったのは、文政10（1827）年のことで、寄合町の乙名である芦苅高之進によって、4月1日に「粧ひ」が懐妊したことが奉行所に届け出られている。それから約2カ月半が経った6月17日に、西洋医学を修めた阿蘭陀通詞・菊谷藤太の今籠町の家で「粧ひ」が女児を出産したことが報告されている。この女児は「粧ひ」の親である新大工町の久吉のもとで養育されたようだが、フィッセルとこの子との関わりや名前、その後は明らかでない。

　出島での任期を終えたフィッセルは、文政12（1829）年1月21日に離日することになるが、翌年の『寄合町諸事書上控帳』を見ると、5月24日に「絵鏡」や「阿蘭陀杏」、「阿蘭陀たんす」など、30種類近くの舶来品が「粧ひ」へ贈られていることが記録されている。贈り主は「へとる阿蘭陀人」としか記されていないが、荷倉役は「ヘトル」（商館長次席）を兼ねる場合が多く、フィッセルも商館長の不在時には職務を代行していたことから、これらは全てフィッ

「長崎の墓地」（1820年代／川原慶賀／絹本着色／クンストカーメラ蔵／宮崎克則氏提供）

「長崎の墓地」部分拡大図

セルからの贈り物であろうと推測される。フィッセルはこの年、バタヴィアで結婚したあと、オランダへ帰国したことが分かっており、「粧ひ」への多くの贈り物は彼女への餞の品ではないかと考えられる。フィッセルは日本を離れたのちも、「粧ひ」の行く末を案じ、このような贈り物をしたのであろう。

【参考文献】
原田伴彦ほか編『日本都市生活史料集成』6-7巻、学習研究社、1975-76年
フィッセル著、庄司三男ほか訳注『日本風俗備考』1-2巻、平凡社、1978年
古賀十二郎『新訂　丸山遊女と唐紅毛人』前後編、長崎文献社、1995年
山梨絵美子「研究資料　クンストカーメラ所蔵　フィッセル・コレクションの日本絵画―川原慶賀作品を中心に―」、『美術研究』第378号、美術研究所、2003年
松方冬子ほか編『一九世紀のオランダ商館　上―商館長ステュルレルの日記とメイラン日欧貿易概史―』東京大学出版会、2021年

◉出品目録

資 料 名	年代／製作地／製作者／素材・形態 （　）内は原資料	法量(cm:縦×横)	所 蔵
第1章　四つの口と長崎			
1　改正日本輿地路程全図	1833(天保4)年／日本／長久保赤水／木版色摺	84.6×139.9	西南学院大学博物館
2　海外異聞	江戸時代後期／日本／紙本墨書, 竪帳	24.6×17.4	西南学院大学博物館
3　外国船図	江戸時代後期／日本／紙本着色, 巻子装	29.0×145.0(本紙)	西南学院大学博物館
4　九州九ヶ国之絵図	1783(天明3)年／日本／富島屋文治右衛門／木版	90.9×65.9	西南学院大学図書館
5　肥前長崎図	江戸時代後期／日本／耕寿堂上梓, 長崎梅香堂再板／木版色摺	62.0×87.0	西南学院大学博物館
第2章　長崎における対外交流			
第1節　出島			
6　唐蘭船長崎入津図	明治時代初期／日本／歌川貞秀／絹本着色, 軸装	39.4×49.7(本紙)	西南学院大学博物館
7　紅毛人プラケット	江戸時代／日本／銅板, 高蒔絵, 螺鈿	15.2×9.0	西南学院大学博物館
8　紅毛人硯屏	江戸時代後期／日本／漆絵, 螺鈿	24.4×16.6	西南学院大学博物館
9　出島蘭館図巻	江戸時代中期／日本／紙本着色, 巻子装	35.2×399.5(本紙)	西南学院大学博物館
10　ワインボトル	18世紀／オランダ／ガラス	直径14.0× 高17.5	西南学院大学博物館
11　ジンボトル	19世紀／オランダ／ガラス	高28.4	西南学院大学博物館
第2節　唐人屋敷			
12　唐館部屋の図	1964(昭和39)年／長崎美術同好会 (江戸時代後期／日本／大和屋／木版色摺)	47.0×33.2(本紙)	西南学院大学博物館
13　唐人蛇躍図	1964(昭和39)年／長崎美術同好会 (江戸時代後期／日本／文錦堂／木版色摺)	33.2×47.0(本紙)	西南学院大学博物館
14　長崎土産	1847(弘化4)年／日本／磯野信春／木版, 竪帳	23.3×16.0	西南学院大学博物館
15　清俗紀聞	1799(寛政11)年／日本／中川忠英／木版, 竪帳,全六冊(十三巻)	24.7×18.0	西南学院大学博物館
16　長崎諏方御社之図	1888(明治21)年／日本／島田豊彦, 太和堂／木版色摺	37.7×52.0	西南学院大学博物館
17　南京国寧波湊明船之図	江戸時代後期／日本／紙本着色, 軸装	25.8×36.0(本紙)	西南学院大学博物館
第3章　国際都市・長崎			
第1節　異文化との交流			
18　長崎阿蘭陀商館出入許状	江戸時代中期／日本／紙本墨書, 軸装	16.8×34.3(本紙)	西南学院大学博物館
19　VOCコイン	1746年／オランダ東インド会社／銅製	直径2.0	西南学院大学博物館
20　VOCコイン	1790年／オランダ東インド会社／銅製	直径2.5	個人
21　珍奇貨幣図譜	江戸時代中期〜後期／日本／紙本墨書, 小横帳	13.5×19.9	西南学院大学博物館
22　三獣演談	1729(享保14)年／日本／神田白竜子／木版, 竪帳, 全三巻	23.4×16.3	西南学院大学図書館
第2節　丸山遊廓			
23　肥前﨑陽玉浦風景之図	1862(文久2)年／日本／歌川貞秀／木版色摺,六枚続	34.6×143.1	西南学院大学博物館
24　長崎円やま	1861(文久元)年／日本／歌川国貞・二代広重／木版色摺, 三枚続	35.7×72.3	西南学院大学図書館

論考

日本を訪れた異国人

好奇心とその記憶

西南学院大学国際文化学部
国際文化学科准教授

尹 芝 惠（ユン ジ ヘ）

はじめに

江戸時代の日本は，いわゆる四つの口を通じて異域と繋がっていた。長崎口は中国とオランダに，対馬口は朝鮮国に，薩摩口は琉球王国に，松前口はアイヌ民族に対しての窓口であった。中国人やオランダ人とは長崎で直接的・間接的な交流が行われ，オランダ商館長の江戸参府が行われた。朝鮮国からは通信使の行列が，琉球王国からは謝恩使・慶賀使の行列が定期的に江戸に向かっていた。

当時の日本人には，これら四つの口での異国の人々との出会いや，江戸に向かう彼らの光景を目の当たりにすることで異国のイメージが構成されていたのだろう。このような状況での日本人と異国人との間の交流はどのようなものだったのか。さらに日本を訪れていたそれぞれの異国人同士は対面することができたのか，何らかの交流はあったのか，興味深いところである。なお，ここで起きた様々な出来事は当時の日本人の記憶にどのように刻まれているのか，探っていこう。

1. 漂着した朝鮮人

江戸中期の旅行家である百井塘雨が著した『笈埃随筆』の「御島」の項には1784（天明4）年長門領内に漂流してきた朝鮮の商船に関する記述がある。そこには，「朝鮮からの漂流民を手厚くもてなし，長崎に送って帰国させる」とあった。

また，鳥取藩の町絵師小田蛙村の「漂流朝鮮人之図」［図1］は，1819（文政2）年1月に伯耆国八橋郡松ケ谷に漂流した朝鮮の商人を描いたものである。そこには，12人の姿とともに「죠선국강원도평히고을열두돔니긔모연초칠일히풍뉴」と朝鮮国江原道平海村の12人が己卯年初7日に台風で漂来したことを示していて，上部には漂流民の一人の安義基が長崎まで護衛してくれた鳥取藩士に宛てた感謝状が付けられている。

このように朝鮮国からの漂流民は長崎に移されてから帰国させられていた。そこで帰国待ちの朝鮮人は，中国やオランダからの異国人に会える可能性があったのである。

実際に，オランダ商館医として来日したドイツ人のシーボルトが著した『日本』（NIPPON）には，朝鮮に関する15の図が存在する。

その中の1枚「朝鮮 商人と水夫」［図2］に関して，「遭難朝鮮人の中から，教養と地位の高い男女四人を選び出し，また服装の相違を考慮して水夫一人と見習水夫一人を加えて呼び寄せた。こうして私は，われわれの前に半円形に座った朝鮮人をひとわり吟味した。それから私は彼らに挨拶し，通訳を介して私の訪問の意図を打ち明け，若干の贈りものを差し出した」と記されている。1828（文政11）年，朝鮮から漂流した6名と会っていたのである。

2. オランダ人への好奇心

「正徳信使記録　第百三十五冊　信使方毎日記」によると，1711（正徳元）年の第8次朝鮮通信使一行が江戸からの復路で下関に寄った際，一つの事件がおきた。下関では，往路は1泊2日の日程だったが，復路では大雪と大風に巻き込まれ，1712年1月20日から2月1日までの10泊11日の長期にわたっての滞在となった。長期間の滞在は，藩命による初めての学術交流を実現させ，荻生徂徠の門弟で長州藩儒学者であった山県周南が正使趙泰億から学才を賞賛されるできごともあった。しかし，接待を担当した長府藩（長州支藩）では食料などの調達に苦労したようである。

一方，1月23日，江戸参府のオランダ商館長一行が小倉から船で下関に到着し，南部町の本陣佐甲家に入った。これを見た朝鮮通信使随員たちが船に乗ってオランダ人見物に出かけたのである。これを目撃した対馬藩の信使奉行は対馬藩役員を佐甲家に向かわせ，見物を制止し通信使随員を退去させた。オランダ商館

図1 小田蛙村「漂流
朝鮮人之図」（鳥取県
立図書館蔵）

図2　シーボルト「朝鮮 商人と水夫」
『日本』（九州大学附属図書館蔵）

図3　「阿蘭陀人」部分『世界人
物図巻』（九州大学附属図書館蔵）

図4　葛飾北斎「江戸の長崎屋」
『画本東都遊』（国立国会図書館蔵）

長の随伴した長崎奉行は通信使の非礼な態度に大変立腹した。対馬藩主は正使と従事官に再発防止のため，見物に行った随員を処分し，再び佐甲家に出向かないように申し出たが翌日の24日にも見物を止めなかったため，見物を行ったものを探索して処分を行った。

訳官で押物通事の金顕門が著した『東槎録』には，「オランダ人五人が船から降りて館に入るのを見つけ，垣根を越えたり，門をたたいて開けさせたりした。オランダ人は怒って逃げたので日本人が厳しく禁止した」とある。なお，「オランダ人は頭髪が細くて赤や黄色をしており，長さは僅か二・三寸で羊毛のようである。身は長く，目はくぼみ，鼻は大きく顔や肌の色は白い。身に着けた服は紅や黄色の氈布を用いており，すべて鈕子をもって繋ぎとめている。また我が国の戦笠や清人の帽子のようなものをかぶっている」[図3] とオランダ人の様子について詳細に記録した。

この事件で，朝鮮通信使随員16名が「五杖宛たゝき候」の杖罰を受けるようになったが，オランダ人との短い出会いの中でもよく観察し，よく聞き，詳細に記録したものは貴重な資料として遺っている。日本より厳しい海禁政策をとっていた朝鮮国の人々にとって滅多にない西洋人に会う機会に，その好奇心は抑えることができなかったのである。それは日本人が抱く異国への思い[図4] よりも大きかったのであろう。

3. 記憶の中の異国

江戸の年中行事を記した斎藤月岑の『東都歳事記 夏三』（1838年刊行）には，興味深い1枚の絵が登場する。山王祭の様子だが，麹町の出しものは「朝鮮人行列」と題されていながら張り子の象と共に登場している[図5]。そもそも象は朝鮮国には存在せず，朝鮮通信使が象をつれて来日したこともない。1728（享保13）年に将軍徳川吉宗の命によって来日した象は広南（ベトナム）人の象使いに伴われていた。ところが，日本人の記憶の中で朝鮮通信使と結び付けられたのである。

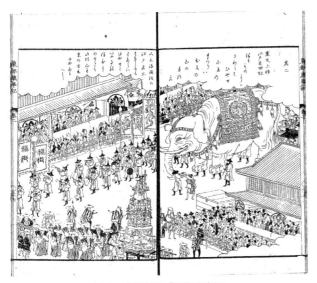

図5　斎藤月岑『東都歳事記
夏三』（国立国会図書館蔵）

図6　葛飾北斎「原」『東海道五
十三次』（国立国会図書館蔵）

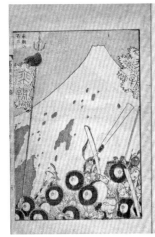

図7　葛飾北斎「来朝の不二」
『富嶽百景』（国立国会図書館蔵）

江戸時代に朝鮮通信使の絵は，しばしば見世物や商品に異国らしさをもたらすため，当時の清人の衣服に付けられていたボタンや襟飾り（披領や雲肩）を誇張して表していた。このような異国人のイメージは葛飾北斎が描く朝鮮通信使にも表れる。富士山を背景に旗手や馬上の朝鮮通信使らを描く『東海道五十三次』の「原」［図6］の人物たちの服装には襟巻が巻かれていて，『富嶽百景』の「来朝の不二」［図7］の楽人や旗手の服装も同様に襟巻を巻いている。

また，長崎の唐人屋敷で清人が春節祭に興じた「蛇踊」が日本人の手によって摸倣され，「長崎くんち」で奉納されたが，そこで用いられる衣装や楽器などは，江戸の祭りにおける仮装朝鮮人行列と共通するものが多い。

朝鮮通信使の随員や唐人屋敷の清人，あるいは象と共に来日したベトナム人などの異国人の衣装や持ち物が，日本の祭や絵の中で混ざり合い再現されていた。新たな異国イメージが作られたのである。

おわりに

日本と異域を繋げてくれた四つの口は，異国人や異国文化に対する日本の人々の好奇心を刺激するのみならず，来日していた異国人同士にも互いを探る絶好のチャンスを与えていた。互いに「知りたい」という強い好奇心は様々な厳しい制約の中でも抑えることはできなかったのだろう。

それぞれの国や地域に向かって開かれていた四つの口であったが，来日した異国の人々には，思いもかけない交流の場になっており，この場を提供することになった日本および日本人は，その多様な情報を取り入れ，新しい異国のイメージを作り出し，新しい文化を花開いていたのである。

【参考資料】
「正徳信使記録　第百三十五冊　信使方毎日記」『宗家記録』
　　（慶応義塾大学所蔵）
金顕門『東槎録』（京都大学河合文庫蔵）
シーボルト『日本』第19・20分冊（九州大学附属図書館蔵）
佐賀県立名護屋城博物館「開館10周年記念特別企画展　4つの窓と釜山－東アジアの中の日韓交流－」展示図録，2003年
尹芝惠「近世日本の絵画作品における朝鮮通信使の描き方－楽隊とその衣装に注目して－」『美学』第59巻第1号，2008年
町田一仁「1711年の朝鮮通信使－下関で起きた二つの事件－」『朝鮮通信使研究』Vol. 19，2015年

日本とヨーロッパを往復した「煙草入れ」

1830年，シーボルトと其扇の手紙

西南学院大学国際文化学部
国際文化学科教授　**宮崎克則**

はじめに

開国前の1830（天保1）年3月，国外追放となったシーボルト（1796～1866年）は，帰国途中のインドネシアのバタヴィア（現ジャカルタ）から其扇（そのぎ，楠本たき：1807～69年）へ手紙を出し，其扇は同年12月に返事を出した。いまだ国際郵便の制度もないときに，二人の手紙はオランダ船で運ばれて届いた。

図1は，其扇が手紙とともに送った煙草入れである。直径は10cmほど，フタの表には其扇の姿，裏には3歳の娘「いね」（楠本いね：1827～1903年）が青貝細工で描かれている。青貝細工は，アワビの貝殻を薄く切り，文様の形に切り抜いて漆器に貼り付け，さらに漆を塗って研ぎ出す。長崎で作られてオランダに運ばれた煙草入れは，ふたたび日本へもたらされ，現在は長崎のシーボルト記念館に国指定の重要文化財（「シーボルト妻子像螺鈿合子」）として保管されている。

この煙草入れは，なぜ日本とヨーロッパを往復することになったのか，二人の手紙からその背景を読み解こう。

1. シーボルトの任務

ドイツの医者の名家に生まれたシーボルトは，ヴュルツブルク大学医学部を卒業した後，オランダに就職した。1823（文政6）年，オランダによるアジア貿易の基地があるバタヴィアに到着したシーボルトは，出島商館の医師として日本での勤務を命じられ，同年8月に来日した。到着時の臨検において，彼のオランダ語発音が聞きとがめられ，オランダ人ではないとの疑いがかかったが，自分は「山オランダ人」だと言って，ことなきをえた。

当時のオランダは，フランス革命とそれに引き続くナポレオン戦争により，1810年にはフランスに併合され一時国家としてのかたちを失っていたが，ウィーン会議によってネーデルランド王国として存立が保証され，国家の再建に着手したところであった。再建策の一つとして日本との貿易の再検討が試みられ，そのために日本を「総合的科学的」に研究して，その成果を貿易に反映させようとしていた。シーボルトはその任務を負い，多額の研究費（年間研究費は約7000万円）も支給された。調査の具体的内容は，日本の植物の種子や生体をオランダの植物園に送り，また動植物標本を本国の博物館へ送ることであった。

出島の「商館付医官」という職務は，もともとオランダ人の健康維持のためのものであったが，シーボルトは早速，博物研究に資するため，日本人に対する積極的な医療行為を開始する。日本人に人口瞳孔の手術をし，視力を回復させるなど，実用的で効果が目に見えやすい医療を武器として自分自身を売り込んでいく。こうして，来日翌年には長崎奉行の許可をえて長崎郊外の鳴滝に塾を開いて診療の傍ら日本人医師の門人たちに医学伝習を行った。シーボルトは鳴滝に集まった門人たちに日本に関するさまざまの課題を与え，オランダ語の論文にして提出させた。各地の俊才たちが切磋琢磨する熱気あふれる鳴滝の状況を，門人の高野長英は「はなはだ全盛の事に候」と手紙に書いている。シーボルトによると，それらの論文は46点。テーマは医学・産科学・薬学・植物・動物・地理・歴史・風俗・産業など多岐にわたり，シーボルトが日本の地理・歴史・政治などにも興味を持っていたことがわかる。彼らのオランダ語論文は，シーボルトが『NIPPON』を執筆するときの材料となる。

2. シーボルトと其扇，「いね」

来日した27歳のシーボルトは，ほどなく其扇（16歳）を出島へ呼び入れる。1823年11月，彼がドイツの母と伯父へ宛てた手紙には，「今やひとりのアジア美人を所有しているのです。彼女をヨーロッパ美人と取り替える気などとても起きそうにありません」とある。この「アジア美人」が其扇であり，寄合町の遊女であった。長崎の丸山遊郭は，江戸の吉原遊郭，京都の島原遊郭，大坂の新地遊郭に並び称される遊郭であり，丸山町と寄合町を合わせた範囲であった。其扇は寄合町

の引田屋抱えであり，当時の記録には「寄合町引田屋卯太郎抱遊女　其扇」とある。

古賀十二郎氏が1923（大正12）年に其扇の孫娘（山脇タカ子，72歳）から聞き取りした内容によると，当時，出島に出入りできた日本人女性は遊女のみであったから，シーボルトに見初められた其扇（楠本たき）は，引田屋に相談して遊女として出島に入ったという。このような遊女を「名付遊女」といい，遊女屋に手数料を払って，名義だけ遊女屋に籍を置くのである。

其扇が出島に出入りするようになって4年後，二人の間に「いね」が生まれた。「いね」の誕生日は文政10（1827）年5月6日。このことは，寄合町の町役人である乙名（おとな）の記録にある。異国人との間の妊娠・出産は届け出が必要だったから，記録されることになった（「いね」が成長して女医となったことはよく知られている）。その後，3人は出島で暮らした。「いね」が生まれて1年3カ月後，1828年9月17日（文政11年8月9日）夜半から北部九州を台風が襲う。「シーボルト台風」である。台風の襲来は事実であり，北部九州の諸藩には多くの被害記録が残っている。この台風によって，彼が乗る予定であったハウトマン号が座礁し，積荷から日本地図などが見つかり，「シーボルト事件」が発覚したと語られてきた。実際は，オランダ船の座礁と日本地図の没収はもともと別々の事件であったが，当時から二つの事件は結びつけて語られてきた。シーボルトは，長崎奉行による取り調べに対し，一貫して協力者の名をあげることを拒んだが，結局，門人やオランダ通詞などが処罰され，シーボルトは国外追放となり，1829年12月に日本を離れる。

3．シーボルトの手紙

シーボルトは，12月30日（文政12年12月5日）にジャワ号へ乗船し，翌年の1830年1月3日まで風待ちのために，長崎港の港外にある小瀬戸に停泊した。その間に小舟でこっそり上陸し，其扇と「いね」，門人らに最後の別れを告げたという。1カ月もかからずにバタヴィアに着いた後，シーボルトはオランダ領東インド植民地総督に「シーボルト事件」の顛末などを報告し，3月5日にバタヴィアからオランダへ向けて出航する。その前日の3月4日，シーボルトは其扇へ最初の手紙を書いた。そして，風待ちをしていた間に2通の手紙（3月7日，3月14日）も書いた。これら3通の手紙は，1830年夏，バタヴィアから長崎へやってくるオランダ船でもたらされ，其扇に届けられた。

シーボルトは3月4日のオランダ語手紙で「een duizend Teil」（1000テール），3月14日手紙でも「een duizend Teil」の送付を書いている。「テール」（Teil・Tail）とは，そのような貨幣があったのでなく，日本とオランダの貿易取引のための架空の換算単位である。シーボルトが自費出版した『NIPPON』のなかに，金1両＝6テール＝12グルデンと明記されている。したがって，1000テールを金に換算すると約167両。日本銀行のホームページを参考に，金1両＝10万円と仮定すると，約1670万円をシーボルトは二人の生活費として送ったことになる。

手紙のなかで，彼は「これを運用して，利息で暮らせ」（3月4日）とか，「無駄遣いしないように」（3月14日）など書いており，指示は細かい。この生活費は確かに其扇へ届いており，同じ年の其扇の返事に「銀十〆（貫）目もたしかにうけとり申候」とある。金1両＝6テール＝銀60目（匁）で換算しており，1000テール＝銀10貫目となる。

この後，1831年の其扇の手紙によると，彼女はシーボルトから送られた資金を「コンプラドール」（出島へ日用品を供給する商人，「買物使」「諸色売込人」という）に預けて，利息150目（約25万円）を毎月受け取っていることがわかる。シーボルトの指示通り，其扇は資金を運用して「いね」と暮らしているのである。

4．其扇の手紙

シーボルトの手紙はオランダ語で書かれていたので，其扇はオランダ通詞かシーボルト門人に翻訳してもらい，内容を理解した。返事の手紙の日付は，「（天保1）寅十一月十一日」（1830年12月25日）である。31年夏ころにはオランダにいたシーボルトの手許に届いた。ただし，シーボルトもまた「くずし字」で書かれた手紙を読むことはできないから，其扇は門人の高良斎にオランダ語の手紙を書いてもらい，「くずし字」の手紙と一緒に送った。

其扇が送った「くずし字」手紙は，今日までその存在が知られていなかった。所蔵する（オランダ）ライデン大学図書館では，「日本語の文字の例」としてファイルされているに過ぎなかった。

宮崎は在外研究制度を利用して，2018年4〜9月，ライデン大学に所属した。同大学院生のアーフケ（Aafke van Ewijk）さんから，図書館の「ホフマン資料」のなかに，「いね」と書かれた和文手紙があることを教えてもらった。ホフマン（Johaan Joseph Hoffmann：1805〜78年）は，シーボルトの助手を務め，後にライデン大学日本学科初代教授となっており，彼に関する先行研究はあるが，これまで其扇の手紙の存在について指摘されることはなかった。ホフマンに宛てられた和文手紙

とともに，ファイルされた其扇の手紙は，継ぎ目が剝がれて4点に分かれているが，欠損のない約3.4mの手紙であり，帰国したシーボルトに其扇が送った最初の手紙であった。成果は彼女の名前で『鳴滝紀要』29号に掲載しており，ライデン大学図書館では画像をネット上に公開している。

其扇の手紙には，冒頭にシーボルトが送った3通の手紙を受け取ったことを記し，そして，手紙をシーボルトと思って忘れることはないこと，3歳になった「いね」は物事がわかるようになり，父親シーボルトのことを尋ね，其扇はシーボルトへの「想いを焦がし」ている，とある。手紙には銀10貫目の受け取りとともに，煙草入れの送付が記されていた。それは2個の「はなたはこ入」（鼻煙草入れ＝嗅ぎ煙草入れ）であった。鼻から吸い込む煙草は19世紀のオランダにはあったが，現在は無くなってしまった。2個のうち，一つには「いね」の絵があり，「生うつし」だという。これはシーボルトの母へのプレゼントであった（ライデン国立民族学博物館蔵，一部破損）。もう一つの煙草入れには，フタの表に其扇，裏に「いね」が描かれ，シーボルトへのプレゼントであった。この煙草入れについて，

　これをわたくし・おいねとおぼしめし，あさゆふ，御らん下され度御たのミ申上まいらせ候

と手紙にあり，「朝夕ながめて自分たちを思い出して欲しい」とある。確かにシーボルトは，其扇と「いね」が描かれた煙草入れを大事にしていた，と思われる。理由は図1に見るように，今も保存状態が良いからである。

5. 再来日と煙草入れ

シーボルトの孫，山脇タカ子の証言がある。古賀氏が大正12年に聞き取りしたとき，山脇タカ子は72歳だったから，シーボルト再来日時（1859～62年）は10歳ほどである。

　○シーボルト再渡来ノ際，出島ノ甲比丹部屋デ，祖母タキ，母イネ，私三人ハ会見イタシマシタ，ソノ際シーホルトハ，アノ毛髪，其他ノ品々ヲ，祖母ヤ私達ニミセマシタ，「如何ナ日モ┌へ」決シテオ前達ノコトハ忘レタコトハナイト申シマシタ，ソレデ，

フタの表　　　　　　　フタの裏

図1　其扇がシーボルトに送った煙草入れ（シーボルト記念館蔵）

祖母タキモ，母イネモ，私モミナ胸一杯ニナリマシテ泣キマシタ

約30年ぶりに来日した60歳過ぎのシーボルトは，出島で50歳を越えた其扇（「タキ」）ら3人に会い，「毛髪」や「其他ノ品々」を見せ，いつも大事にしていたと語った。このことを聞いて其扇たちは皆泣いたという。シーボルトが見せた毛髪とは「いね」の髪の毛であり，これは楠本家から長崎市に寄贈され，シーボルト記念館に保存されている。紙包みのなかには，切ったばかりのような「いね」の髪の毛が入っており，上書きにはシーボルト直筆で「von meine kleine Oine fur meine Mutter」（私の可愛い「おいね」からお母さんへ）とあり，彼が日本を離れるとき母のために持ち帰ったものである。彼はふたたびこれを日本に持参し，其扇たちに返した。その心境は，離れて暮らした30年間の想いを「言葉」だけでなく，「モノ」でも示したのであろう。このとき，シーボルトが返した「其他ノ品々」として，其扇と「いね」が描かれた煙草入れがあった。

こうして，海を渡った煙草入れは，ふたたびシーボルトの手で日本へ運ばれ其扇に渡された。その後，其扇の子孫である楠本家から長崎市へ寄贈され，今はシーボルト記念館で見ることができるのである。

【参考文献】
宮崎克則「1830年12月　帰国したシーボルトが其扇に送った手紙」（『西南学院大学博物館研究紀要』9号，2021年）
宮崎克則「1830年12月　其扇がシーボルトに送った蘭文手紙」（『西南学院大学国際文化論集』35巻1号，2020年）
石山禎一・宮崎克則「1830年3月　帰国途中のシーボルトが其扇に送った手紙」（『西南学院大学博物館研究紀要』8号，2020年）
アーフケ・ファン＝エーヴァイク「1830年12月，帰国したシーボルトへ其扇が送った最初の手紙」（『鳴滝紀要』29号，2019年）

長崎の「キリシタン神社」
宗教景観変遷過程の習合宗教施設

西南学院大学博物館館長 伊藤 慎二

1. 長崎の過去約450年間の宗教景観変遷

「祈りの三角ゾーン」と呼ばれる大浦天主堂（キリスト教）・大浦諏訪神社（神道）・妙行寺（仏教）が一画面に収まる風景がある（写真1）。現代の長崎を象徴する宗教景観である。しかし，このような宗教景観は，過去約450年間の激変を経て成立したものである。

イエズス会の日本布教と貿易の拠点として都市化が始まった長崎は，在来宗教を払拭する形で市内に教会が群立する景観を形成した。それらは，数度の禁教令を経て江戸時代になると，たとえばサント＝ドミンゴ教会（勝山町遺跡：写真2）のように徹底的に破壊され，教会建物周囲の石畳や十字架文瓦などを地中に残すのみとなった。やがて，明治時代になると，幕藩体制下の長崎奉行支配地で最重要宗教施設であった東照宮と安禅寺が，明治政府の国家神道体制確立過程で一時完全に破却された。当時の遺構は，石門（写真3）や石垣などわずかである。このような宗教景観激変過程で，キリスト教と神道がある意味で習合した施設が出現した。いわゆる「キリシタン神社」である。

2. 長崎の「キリシタン神社」

（1）「キリシタン神社」とは？

戦前に潜伏キリシタン（かくれ・カクレキリシタン）の

写真1　「祈りの三角ゾーン」

研究を行った田北耕也は，キリシタンの殉教地や墓地に現世祈願の対象となる祠や神社が成立した事例を紹介した（田北　1978：333-354・533-538頁）。片岡弥吉は，長崎市枯松神社・桑姫社および東京都伊豆大島おたいね大明神を，「キリシタンだった人の徳が後人に崇められて神社に祀られた例」（片岡　1979：337頁）として挙げている。

（2）長崎県のおもな「キリシタン神社」・キリシタン関連小祠

長崎市内では，淵神社境内の末社の桑姫社と黒崎の枯松神社などが知られる。桑姫社（写真4）は，大友宗

写真2　サント＝ドミンゴ教会遺構

写真3　旧安禅寺東照宮石門

写真4　桑姫社

写真5　桑姫御前墓石

写真6　枯松神社周囲のキリシタン墓

麟の孫娘でキリシタンのマキゼンシヤ（マセンシア）とされる桑姫御前を祀っている（片岡　1979：337・535頁）。木造小祠床下に自然石の墓石が納められ，表面に「大友家　桑姫御前　塚」と刻まれている（写真5）。近世に建立された墓石を淵神社境内に移設し，1936（昭和11）年に神社化した（金　2021）。

　枯松神社（写真7）は，「サンジュワン・ハッパ・コンエソウロウ」という外国人宣教師の墓所伝承地で，明治の末頃に石造小祠に「サンジワン枯松神社」の文字が刻まれ，1939（昭和14）年頃に木造社殿が建立された（田北　1978：334-337頁，金　2021：96頁）。近年ではキリスト教と仏教の合同で祭礼が行われている（金2021）が，神道祭祀は行われていない。社殿下側周囲には，キリシタン墓が点在し，近世以来の潜伏キリシタンの聖域空間をとどめる（写真6）。

　なお，田北耕也は，長崎市「岳路部落の三浪社」（現：三浪神社）と，長崎市「東樫山のバステヤン様」の太神宮（現：皇太神宮）も，殉教者関連の神社であることを示唆している（田北　1978：333-334・338-339頁）。

　平戸市生月島には，殉教者伝承にちなむ多数のキリシタン関連小祠がある。なかでも，幸四郎様（サン・パブロー様）祠（写真8）は1916（大正5）年に石製小鳥居を奉納された古城神社（田北　1978：534-535頁，宮崎1999：78頁），ダンジク様祠（写真9）はダン竹大明神または丹竹稲荷大明神（宮崎　1996：21頁）という呼称を，それぞれ伴う。また，殉教者を多数合葬した伝承のある千人塚祠（写真10）も境内入口に鳥居が設置され，比賣（姫宮）神社の神幸の御旅所となっている（田北1978：341頁）。

　生月島対岸の平戸島安満岳（写真11）山頂の白山比賣神社（西禅寺）奥の院と呼ばれる自然石の石組小祠（写真12）も，生月島などのキリシタンによる信仰対象とされる（宮崎ほか　1999：108頁）が，禁教時代以降の信仰

写真7　枯松神社

写真8　幸四郎様祠

写真9　ダンジク様祠

写真10　千人塚祠

写真11　安満岳（中央右奥最高峰）

写真12　安満岳山頂の奥の院祠

写真13　那提大明神社

併存状況の反映でキリシタン信仰とは無関係という指摘（中園　2018：347頁）もある。ただし，生月島の自然石石組のキリシタン関連小祠と形態的に類似する。

　そのほかに，五島の新上五島町中通島山神社と若松島頭子神社も，それぞれバスチャン様と殉教者を祀るキリシタン神社という指摘（宮崎ほか　1999：52・60頁）がある。また五島市久賀島の1927（昭和2）〜1940（昭和15）年に建立された竹山神社は，潜伏キリシタン組織の一時解散に伴い殉教者遺物保管のために創祀されたという（田北　1978：533-534頁）。

　なお，南島原市の那提大明神社（写真13）は，1942（昭和17）年以降に倒立させた伏碑形キリシタン墓碑を稲荷信仰の神体に転化している（大石編　2012：133-135頁）。

3. まとめ

　これらはいずれも神道の神社または小祠的な外観であるが，専属常駐の神職が常に神道祭祀を行う現在の一般的な神社とは異なる。むしろ神仏習合的な在来の民間信仰における小祠の外観的伝統を，近世の潜伏キリシタンが結果として受け継いだ延長上にあるものといえる（ただし，桑姫御前・那提大明神・おたいね大明神の

創祀者はキリシタンではない）。特にキリスト教の殉教者崇拝伝統が在来の御霊信仰などの要素と合致し，地域の伝統宗教社会にも根付いた印象を受ける。そのなかでも，明治以降の国家神道体制の影響で神社的外装が顕著に加わった例が狭義のキリシタン神社といえる。沖縄県の一部の御嶽などにも同様の現象がみられる。

【引用文献】

大石一久編　2012『日本キリシタン墓碑総覧』，長崎文献社
片岡弥吉　1979『日本キリシタン殉教史』，時事通信社
金美連　2021「日本のキリシタン神社で行われる儀式：枯松神社祭，桑姫社大祭，ジュリア祭の比較考察」，『国際関係研究』第41巻合併号：93-104頁，日本大学国際関係学部
田北耕也　1978『昭和時代の潜伏キリシタン』，図書刊行会
中園成生　2018『かくれキリシタンの起源：信仰と信者の実相』，弦書房
宮崎賢太郎　1996『カクレキリシタンの信仰世界』，東京大学出版会
宮崎賢太郎　1999「生月島の宗教遺跡と信仰対象」，『生月地域文化研究』Ⅱ：45-85頁，長崎純心大学比較文化研究所
宮崎賢太郎ほか　1999『長崎県のカクレキリシタン：長崎県カクレキリシタン習俗調査事業報告書』，長崎県教育委員会
※写真は，すべて筆者撮影

● 参考文献一覧

■書籍

東京大学史料編纂所『唐通事会所日録　三　大日本近世史料』東京大学出版会，1960年

中川忠英著，孫伯醇ほか編『東洋文庫62　清俗紀聞』第1-2巻，平凡社，1966年

古賀十二郎著，長崎学会編『新訂　丸山遊女と唐紅毛人』前後編，長崎文献社，1995年

中村質編『鎖国と国際関係』吉川弘文館，1997年

神戸市立博物館編『日蘭交流のかけ橋　阿蘭陀通詞がみた世界―本木良永・正栄父子の足跡を追って―』神戸市スポーツ教育公社，1998年

長崎県立美術博物館編『唐絵目利と同門』長崎県教育委員会，1998年

長崎市立博物館編『日蘭交流400周年記念展覧会図録　大出島展―ライデン・長崎・江戸―　異国文化の窓口』長崎市立博物館，2000年

大場脩編著『長崎唐館図集成』関西大学出版部，2003年

佐賀県立名護屋城博物館『開館10周年記念特別企画展「4つの窓と釜山―東アジアの中の日韓交流―」展示図録』佐賀県立名護屋城博物館，2003年

長崎歴史文化博物館編『長崎歴史文化博物館・ライデン国立民族学博物館共同企画　開会記念特別展　長崎大万華鏡―近世日蘭交流の華　長崎―』長崎歴史文化博物館，2005年

田代和生『日朝交易と対馬藩』創文社，2007年

山口美由紀『「日本の遺跡」28　長崎出島』同成社，2008年

宮崎克則，福岡アーカイブ研究会編『ケンペルやシーボルトたちが見た九州，そしてニッポン』海鳥社，2009年

松方冬子『オランダ風説書』中央公論新社，2010年

竹田和夫編著『【アジア遊学116】歴史の中の金・銀・銅―鉱山文化の所産―』勉誠出版，2013年

津山洋学資料館編『よみがえる長崎出島のくらし』津山洋学資料館，2013年

長崎市史編纂委員会『新長崎市史』第1-4巻，長崎市，2013年

長崎市史編さん委員会監修『わかる！和華蘭　「新長崎市史」普及版』長崎新聞社，2015年

片桐一男『出島遊女と阿蘭陀通詞―日蘭交流の陰の立役者―』勉誠社，2018年

長崎大学地域文化研究会著，増崎英明編著『今と昔の長崎に遊ぶ』九州大学出版会，2021年

부산박물관『초량왜관―교린의 시선으로 허하다―』부산박물관，2017년

■論文

宮本由紀子「丸山遊女の生活―『長崎奉行所判決記録犯科帳』を中心として―」駒沢大学文学部史学会『駒沢史学　第31号』19-46頁，1984年

石上敏「森島中良編『海外異聞』の位相―江戸時代漂流記集の成立と展開に関する考察―」吉備洋学資料研究会『洋学資料による日本文化史の研究　Ⅶ』1-24頁，1994年

王維「日本華僑における龍踊の伝承と形態―横浜，神戸，長崎の場合―」名古屋造形芸術大学，名古屋造形芸術短期大学『名古屋造形芸術大学名古屋造形芸術短期大学紀要　第6巻』89-102頁，2000年

張照旭「唐船貿易における唐船の出航地と唐船乗組員の出身地について―明治初期中国語教育の背景―」岡山大学大学院社会文化科学研究科『岡山大学大学院社会文化科学研究科紀要』77-94頁，2014年

奥村佳代子「『海外奇談』の語句の来歴と翻訳者」関西大学東西学術研究所『関西大学東西学術研究所紀要　第48号』29-42頁，2015年

赤瀬浩「長崎丸山遊女の出自と年季明け」長崎市長崎学研究所『長崎学　第3号』23-41頁，2019年

吉良史明「磯野信治『長崎土産』の成立―名所図会と和歌―」長崎大学国語国文学会『国語と教育　第45号』12-27頁，2020年

■事典

国史大辞典編纂委員会『国史大辞典』第1-15巻，吉川弘文館，1979-97年

安高啓明『長崎出島事典』柊風社，2019年

■編者略歴

迫田ひなの（さこだ・ひなの）

1996年生まれ。2021年，西南学院大学大学院国際文化研究科国際文化専攻博士前期課程修了。現在，西南学院大学博物館学芸研究員。専門は日本近世史，近世日朝交流史。主な研究論文に「館守『毎日記』に見る草梁倭館の交奸事件—元禄三（一六九〇）年の事例をもとに—」（『西南学院大学博物館研究紀要』第9号，2021年）がある。

早田　萌（はやた・もゆ）

1996年生まれ。2021年，西南学院大学大学院国際文化研究科国際文化専攻博士前期課程修了。現在，西南学院大学大学院国際文化研究科研究生。専門は古代中国史。特に『三国志演義』における人物描写の特色についての研究など。西南学院大学博物館学芸調査員。

■編集協力

山尾彩香（本学博物館学芸研究員）
勝野みずほ（本学博物館学芸調査員）
山本恵梨（同）
相江なぎさ（同）

2021年度西南学院大学博物館特別展Ⅰ
2021年9月1日〜11月4日

西南学院大学博物館研究叢書
長崎口と和華蘭文化—異文化のさざ波—

❖

2021年9月1日　第1刷発行

編　　者　迫田ひなの・早田　萌

監　　修　伊藤慎二・下園知弥

発　　行　西南学院大学博物館
　　　　　〒814-8511　福岡市早良区西新 3-13-1
　　　　　電話 092（823）4785　FAX 092（823）4786

制作・発売　合同会社 花乱社
　　　　　〒810-0001　福岡市中央区天神 5-5-8-5D
　　　　　電話 092（781）7550　FAX 092（781）7555

印刷・製本　大村印刷株式会社

ISBN978-4-910038-37-7